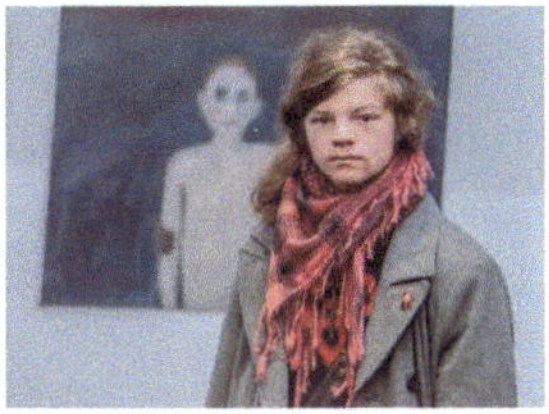
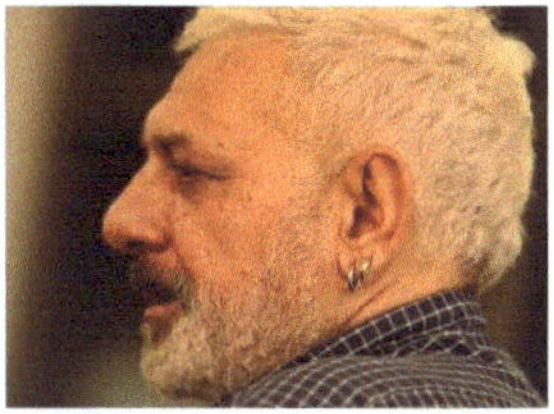
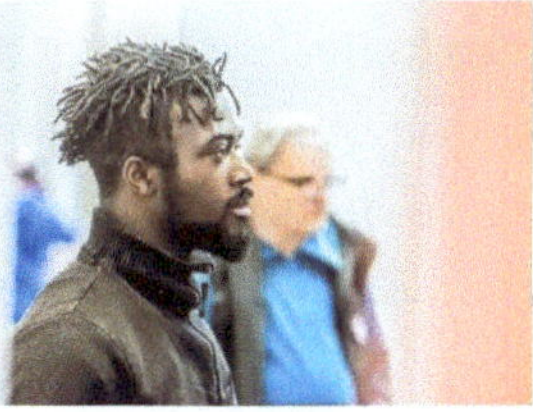

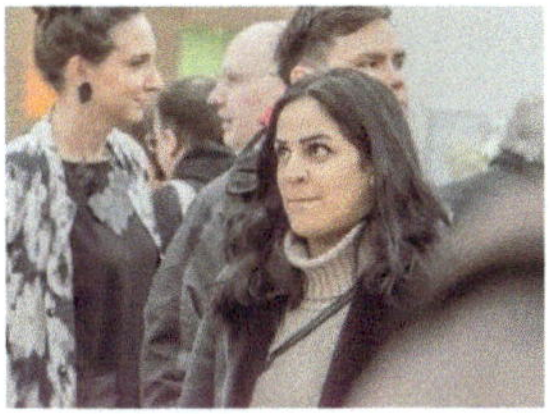
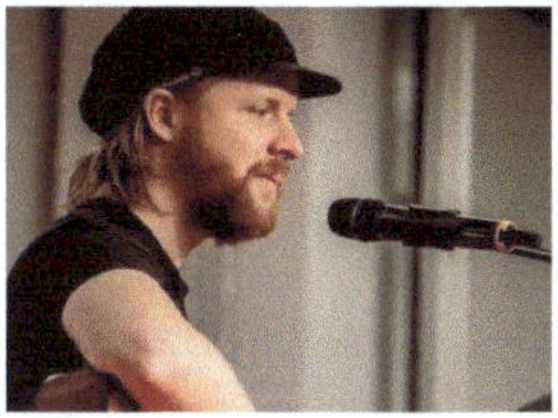
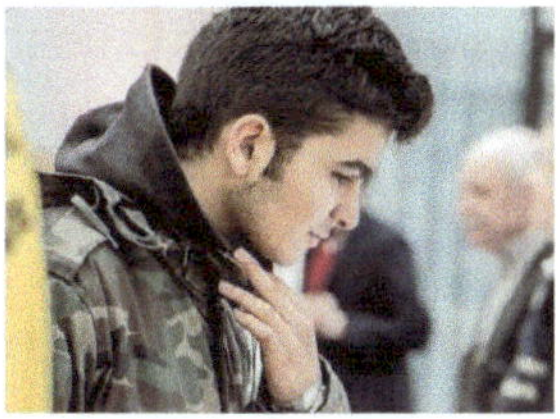
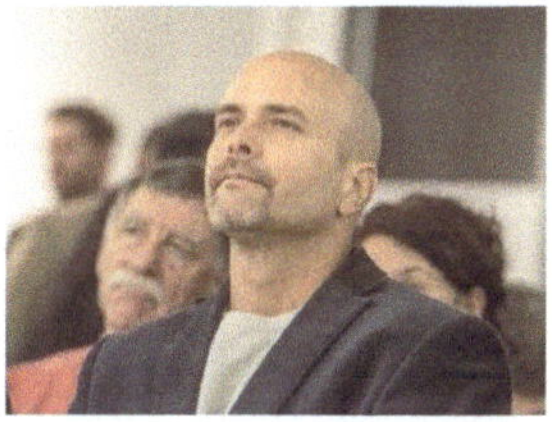
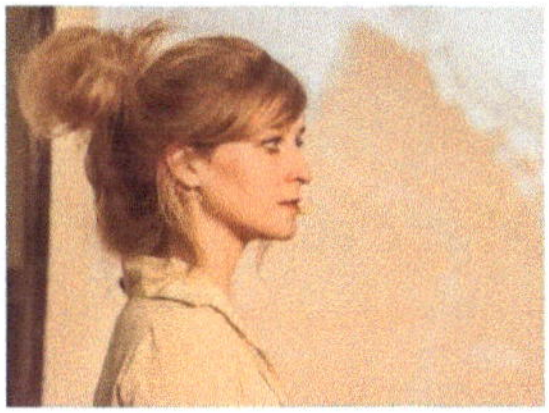
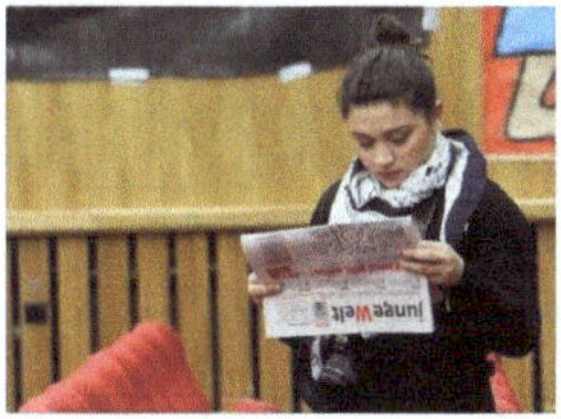
junge Welt
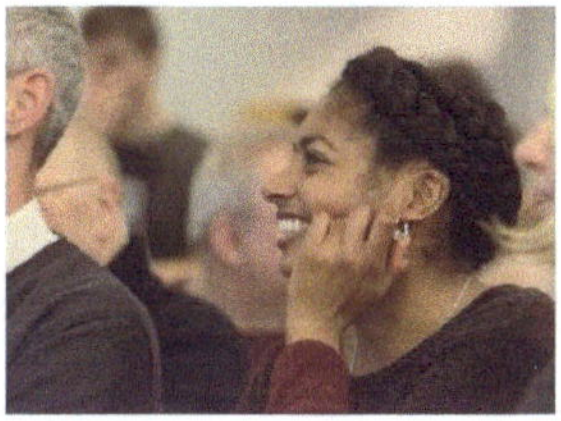
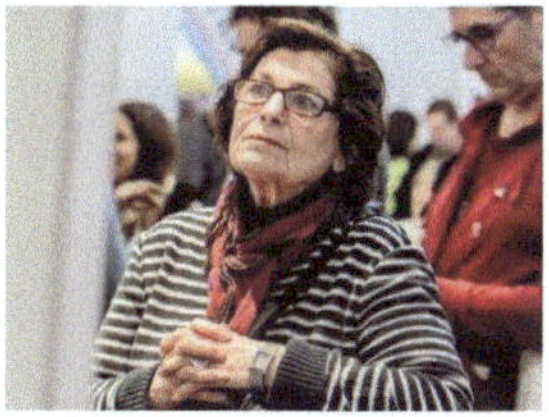
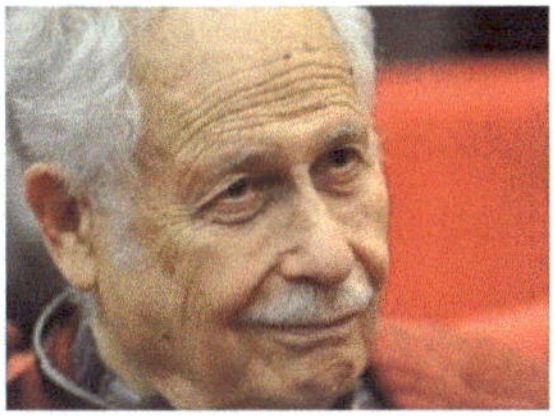
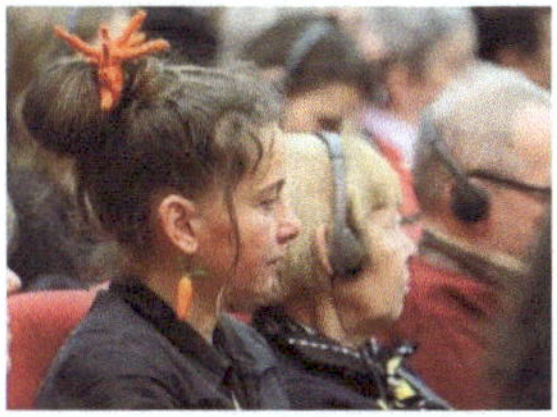
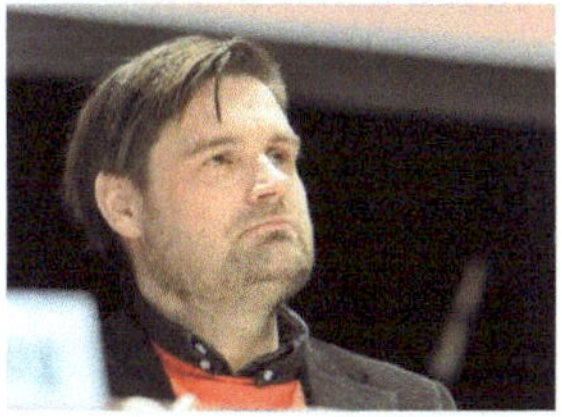
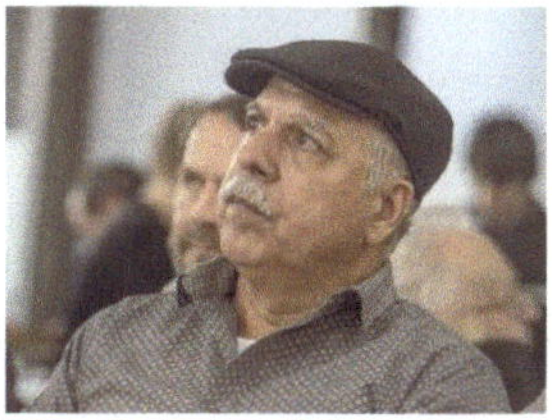
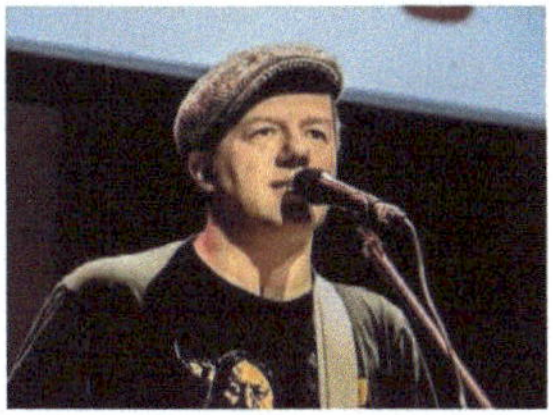
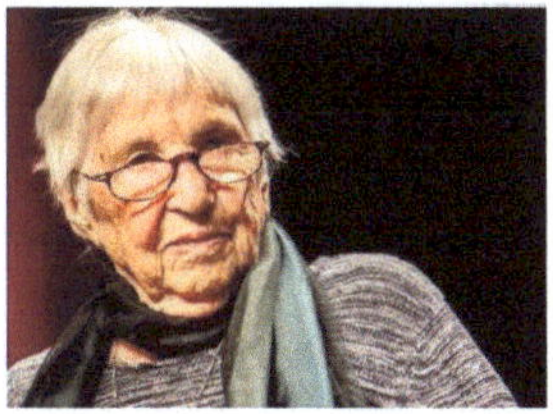
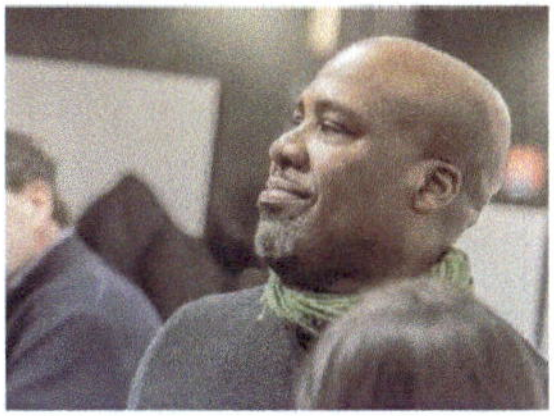
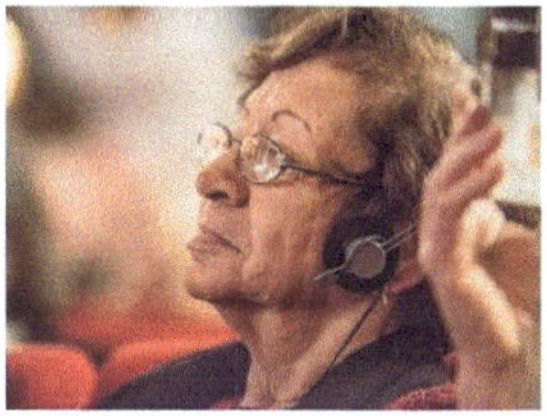

Menneskers - liv. Menneskeliv. Vi lever når vi er sammen med andre. Sammen oplever vi magi og sammen er vi verden. Andrea Kaehler og Jens Schulze ser netop det. Og det er deres budskab. Det er den opgave de har påtaget sig. De vil vise os netop det. Med deres smukke portrætter viser de os hvem vi er - når vi er sammen i verden, i samme verden.

Menschen - leben. Menschenleben. Wir leben, wenn wir mit anderen Menschen zusammen sind. Gemeinsam erleben wir Magie und zusammen sind wir die Welt. Andrea Kähler und Jens Schulze sehen das. Das ist ihre Botschaft, uns das zu zeigen. Mit ihren wunderbaren Portraits zeigen sie uns, wie wir sind. Gemeinsam in einer Welt.

Humanos – viven. Vida humana. Nos animamos al convivir con otros seres humanos. Juntos vivimos magia y juntos somos el mundo. Eso es lo que ven Andrea Kähler y Jens Schulze. Hacérnoslo ver es su mensaje. Sus maravillosos portrajes nos muestran quienes somos - juntos en un mundo.

Des gens - vivent. Les vies des gens. On vit quand on est ensemble avec d'autres gens. Ensemble on éprouve de la magie et ensemble on est le monde. Andrea Kähler et Jens Schulze remarquent cela. C'est leur message de nous le montrer. Avec leur portraits magnifiques ils nous montrent comment nous sommes - ensemble dans un monde.

Humans - live. Human lives. We live when we are together with other people. Together we experience magic and together we are the world. Andrea Kähler and Jens Schulze see that. It is their message to show it to us. With their wonderful portraits they show us how we are - together in one world.

Anders Koustrup Kærgaard

Dänemark 2019

Cover-Foto: Freja Wedenborg, Redakteur*in der dänischen Tageszeitung Arbejderen, 2014

Seit dem Jahr 1996 findet jeweils am zweiten Samstag im Januar die Internationale Rosa-Luxemburg-Konferenz in Berlin statt. Initiiert wurde sie von der überregionalen, marxistischen und parteiunabhängigen Tageszeitung ***junge Welt***. Getragen wird sie von vielen linken Organisationen und Gruppen sowie Einzelpersonen. Schwerpunkt der Veranstaltung sind Vorträge und Diskussionen zu Analysen, Erfahrungen und Aktivitäten linker Bewegungen, Organisationen und Parteien weltweit sowie der Austausch zu Entwicklungen und politischen Kämpfen in Deutschland.

Auf dieser Konferenz treffen sich regelmäßig über dreitausend Menschen unterschiedlicher sozialer Herkunft aus allen Erdteilen, um über die Aktualität des Werkes von, unter anderem, Rosa Luxemburg zu diskutieren. Themen sind linke Theorie und Politik, Geschichte und Gegenwart antiimperialistischer Bewegungen und Perspektiven gesellschaftlicher Veränderungen. Alle verbindet die Suche nach Wegen, die mörderische neoliberale Entwicklung zu durchbrechen, der Wille, den Kapitalismus zu überwinden und die Einsicht in die Notwendigkeit einer sozialistischen Perspektive.

Die hier vorliegenden Fotos geben einen kleinen Einblick in die Vielfalt der Konferenz, die Stimmung und ihre Akteure*innen selber.

Wir freuen uns auf EUCH!

no border no nation

Andrea & Jens

Berlin, 7. November 2019

www.arbeiterfotografie-berlin.de

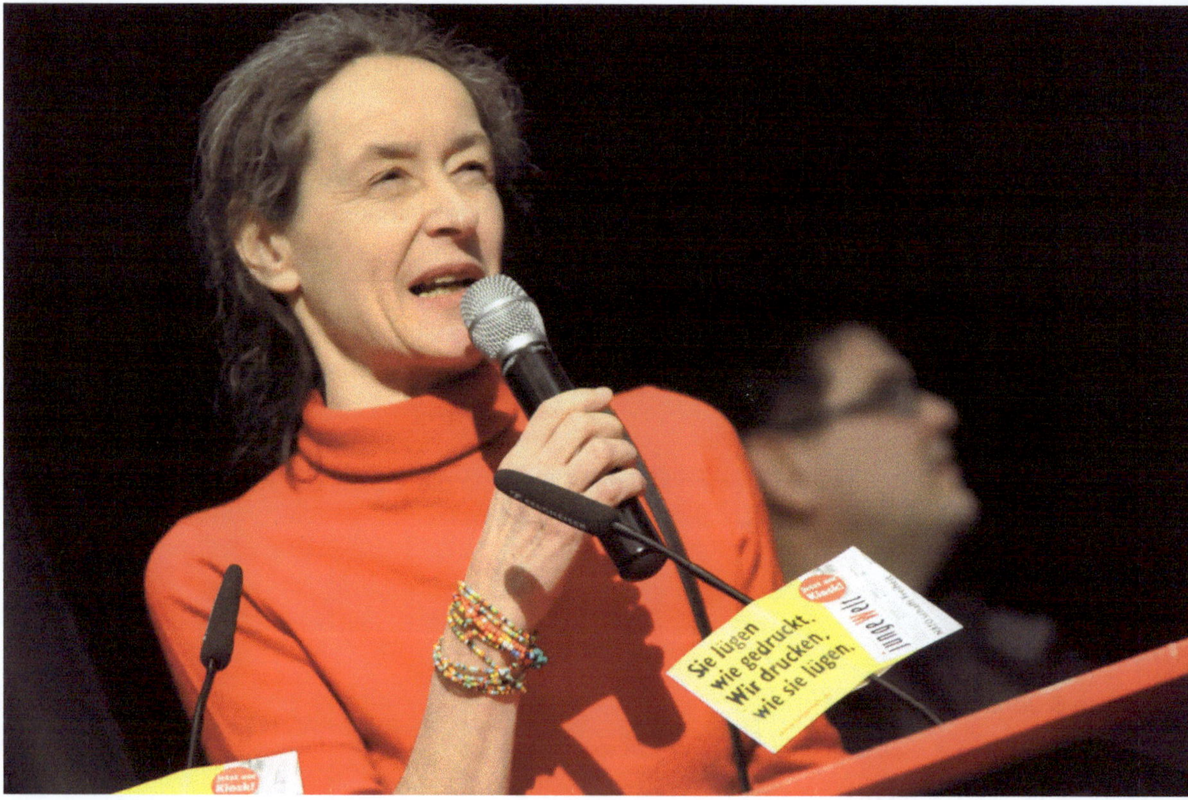
Sie lügen
wie gedruckt.
Wir drucken,
wie sie lügen.

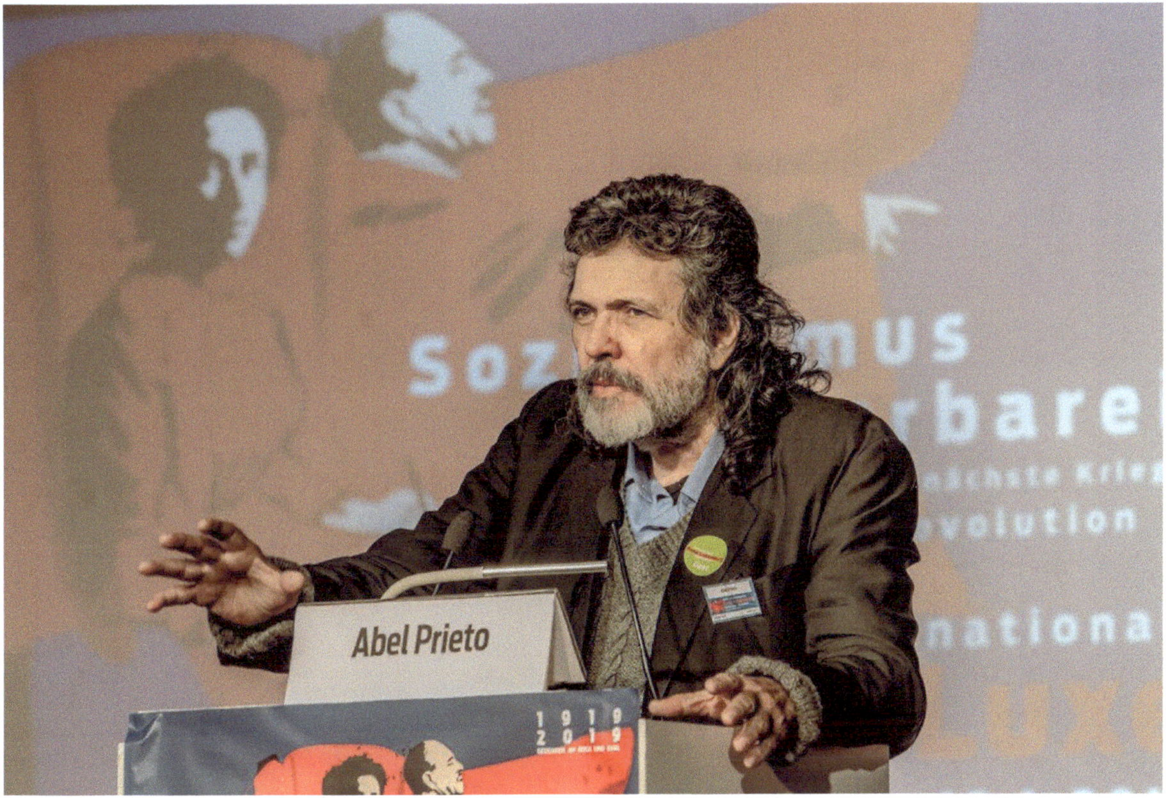

Abel Prieto (ehem. Kulturminister, Kuba), 2019

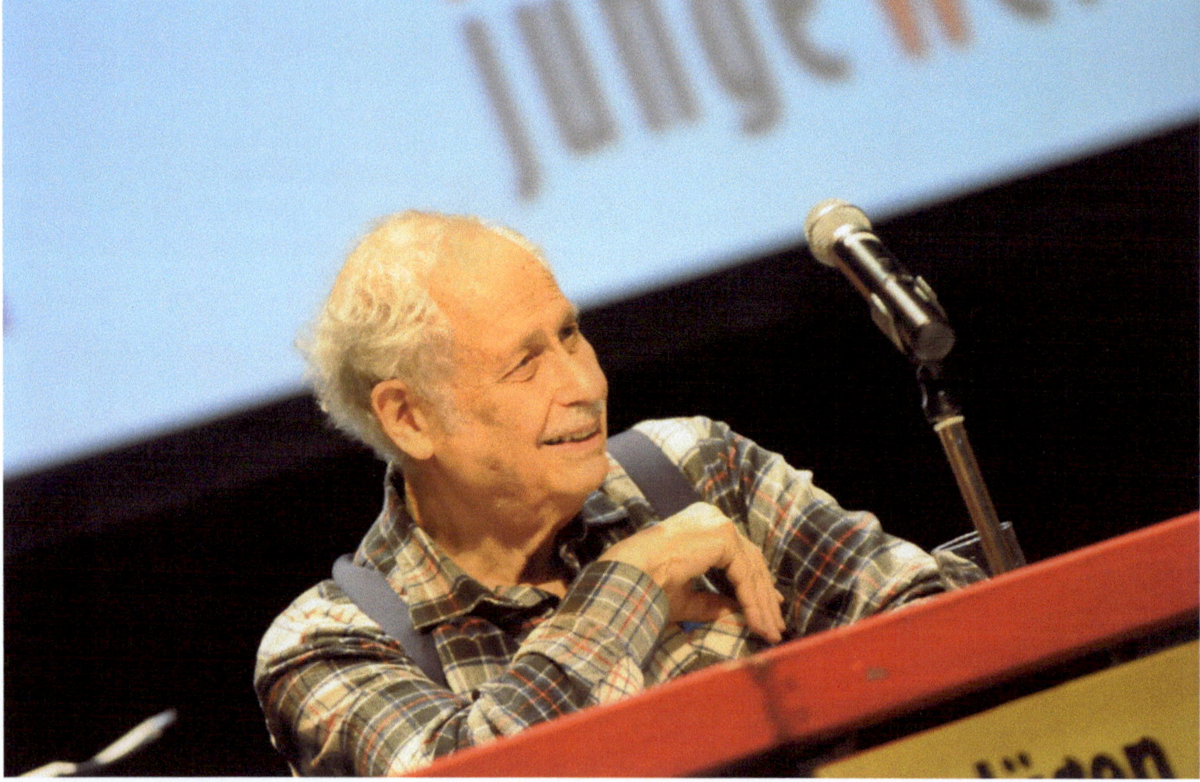

Victor Grossman (eigentlich: Stephen Wechsler, geb. New York City)

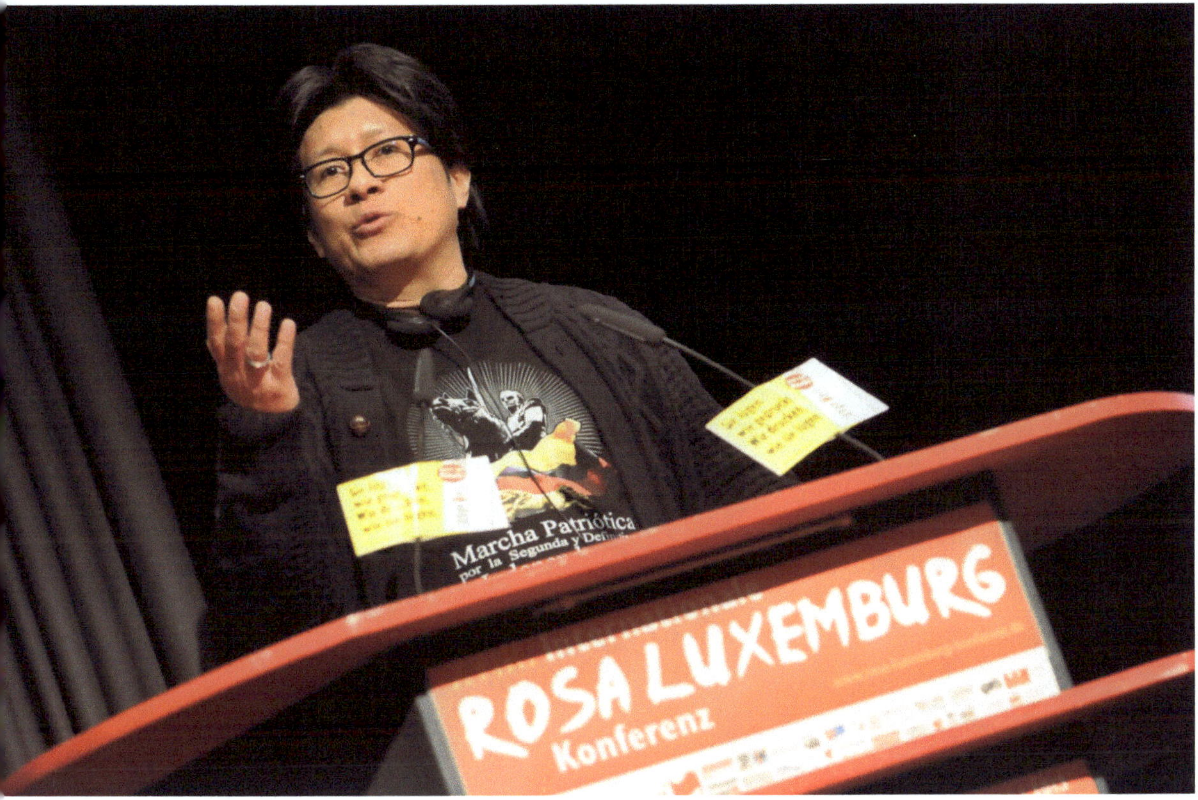
Marcha Patriótica
ROSA LUXEMBURG
Konferenz

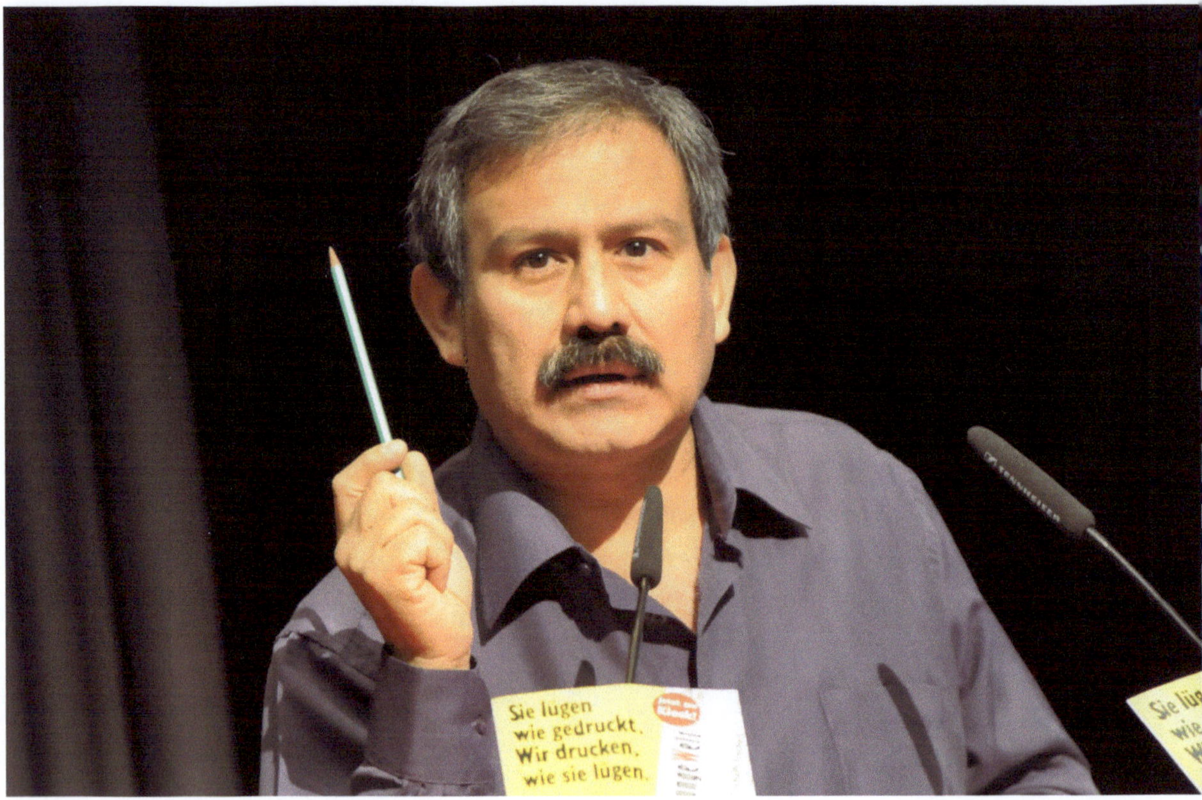

Hernando Calvo Ospina (Kolumbien), Journalist, ehemaliger politischer Gefangener

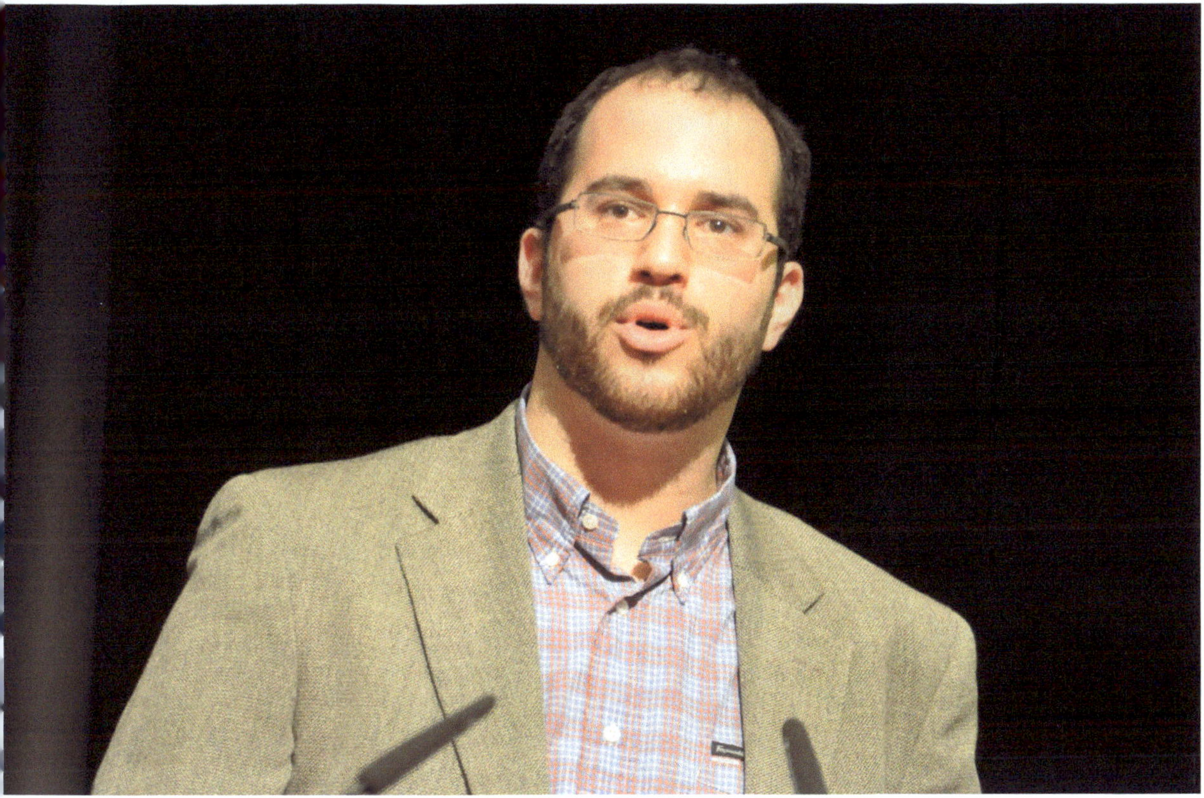

Dan Berger (Schriftsteller, Aktivist, Dozent, USA), 2013

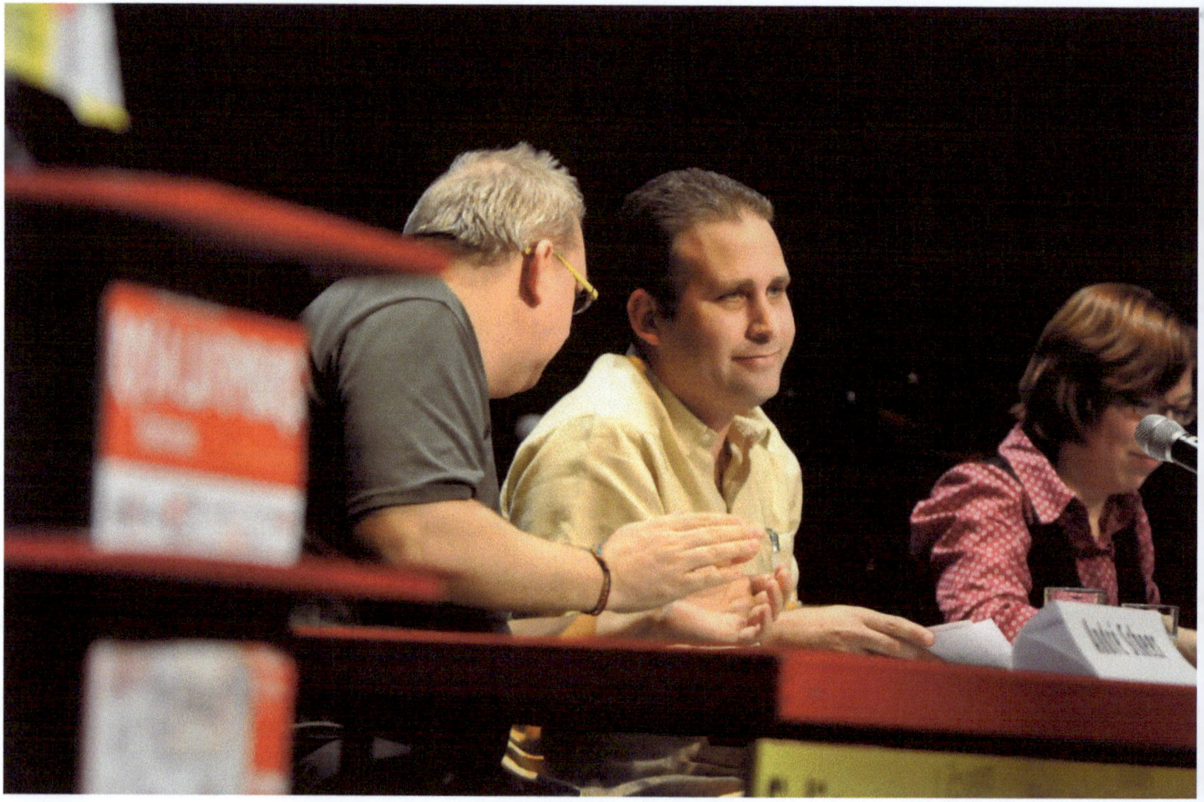

Luis Morlote (Kuba), Präsident der Asociación Hermanos Saíz
(Organisation junger kubanischer Schriftsteller und Künstler), Abgeordneter der Nationalversammlung

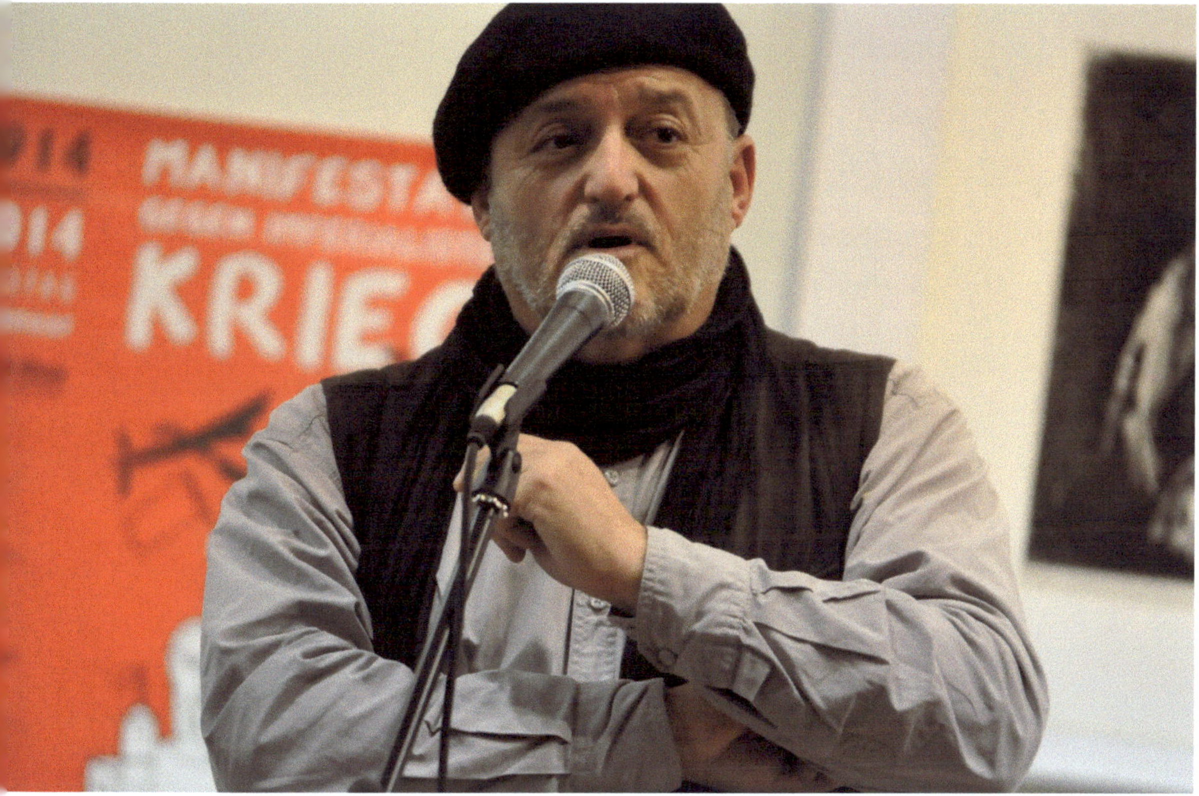

António Hilário - portugiesische Liedermacher

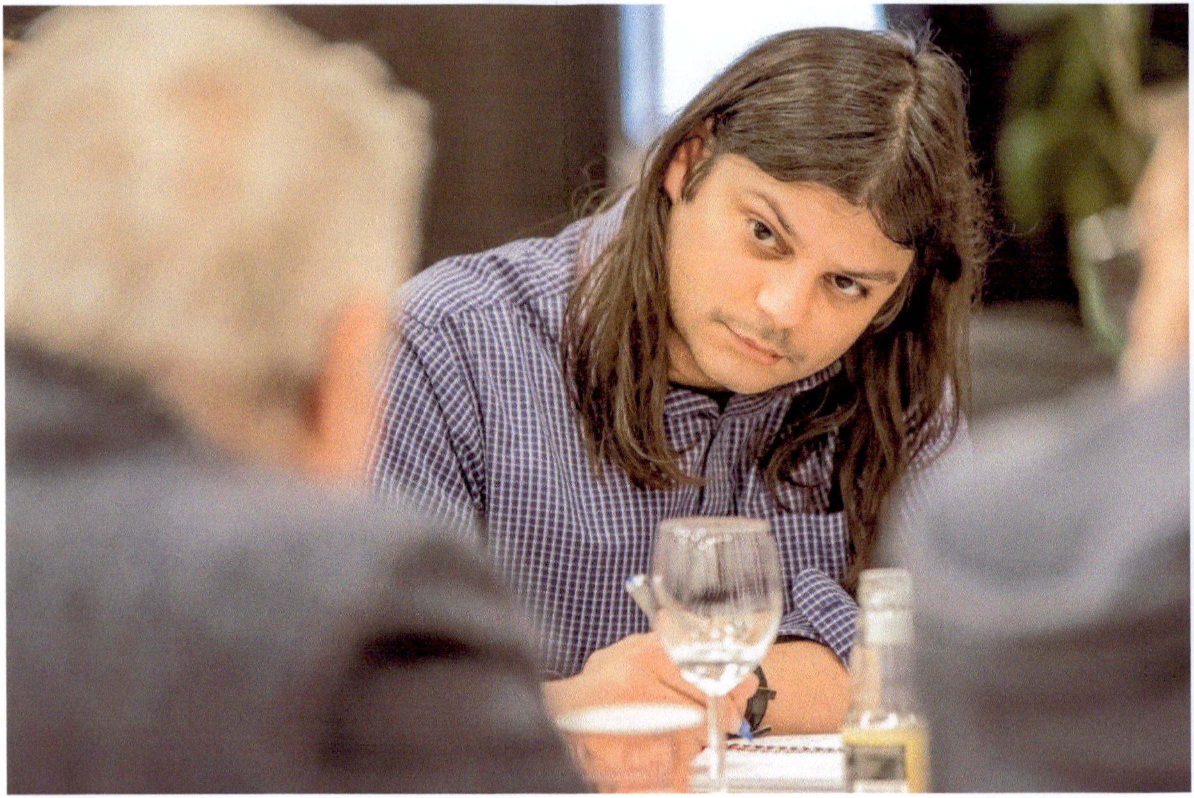

Ben Chacko vom Morning Star UK

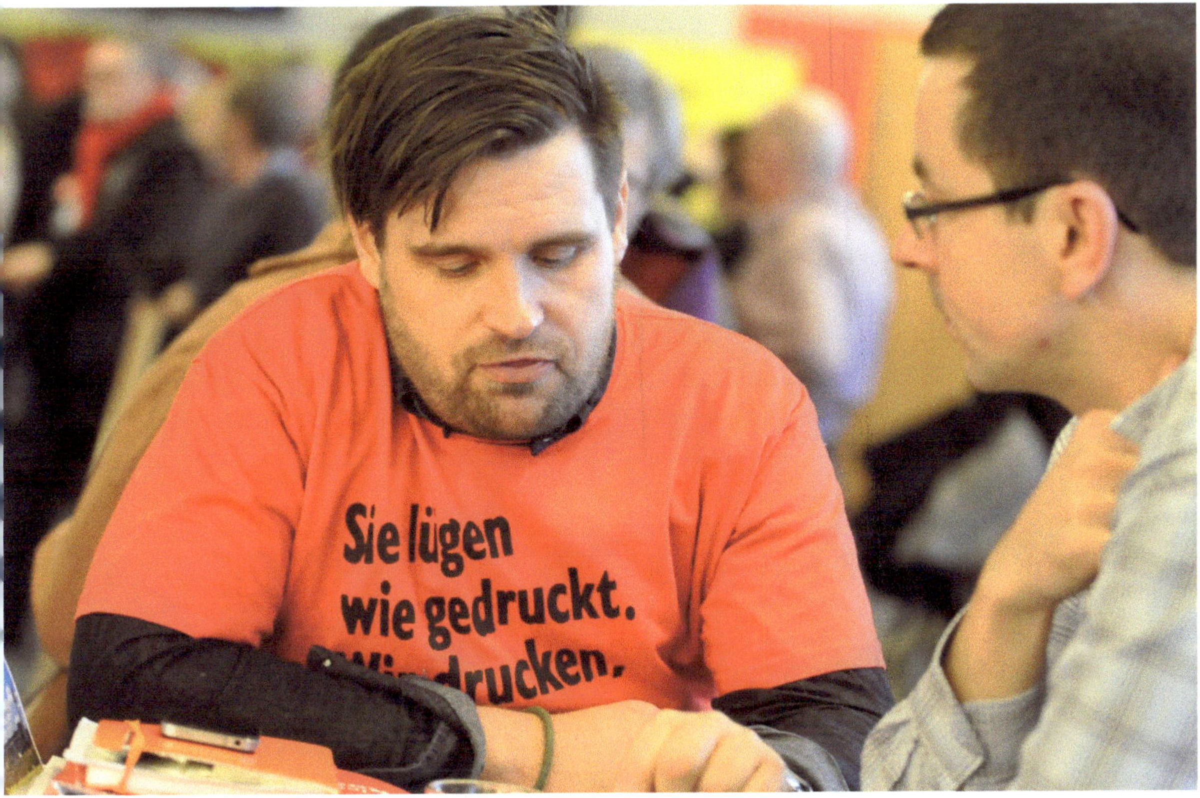

Anders Koustrup Kærgaard ist ein dänischer Hauptmann des Militärnachrichtendienstes und Whistleblower

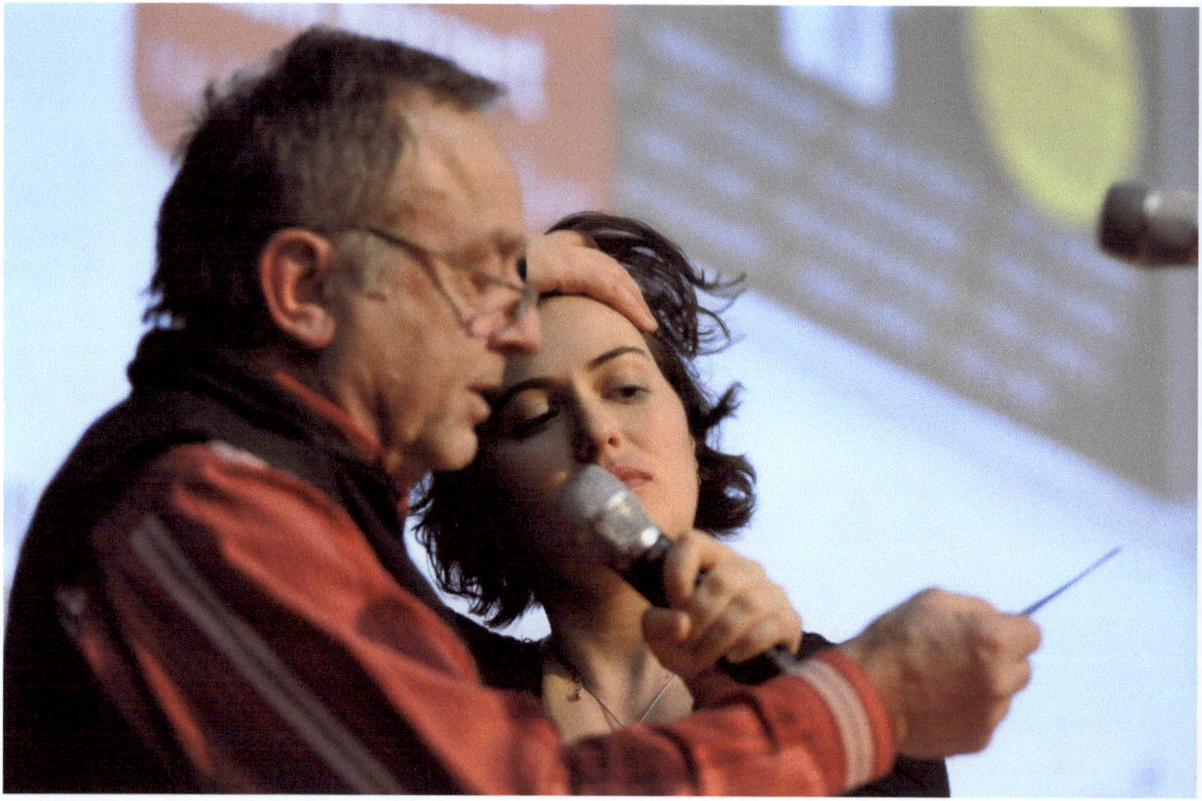

Esther Zimmering deutsche Schauspieler*in

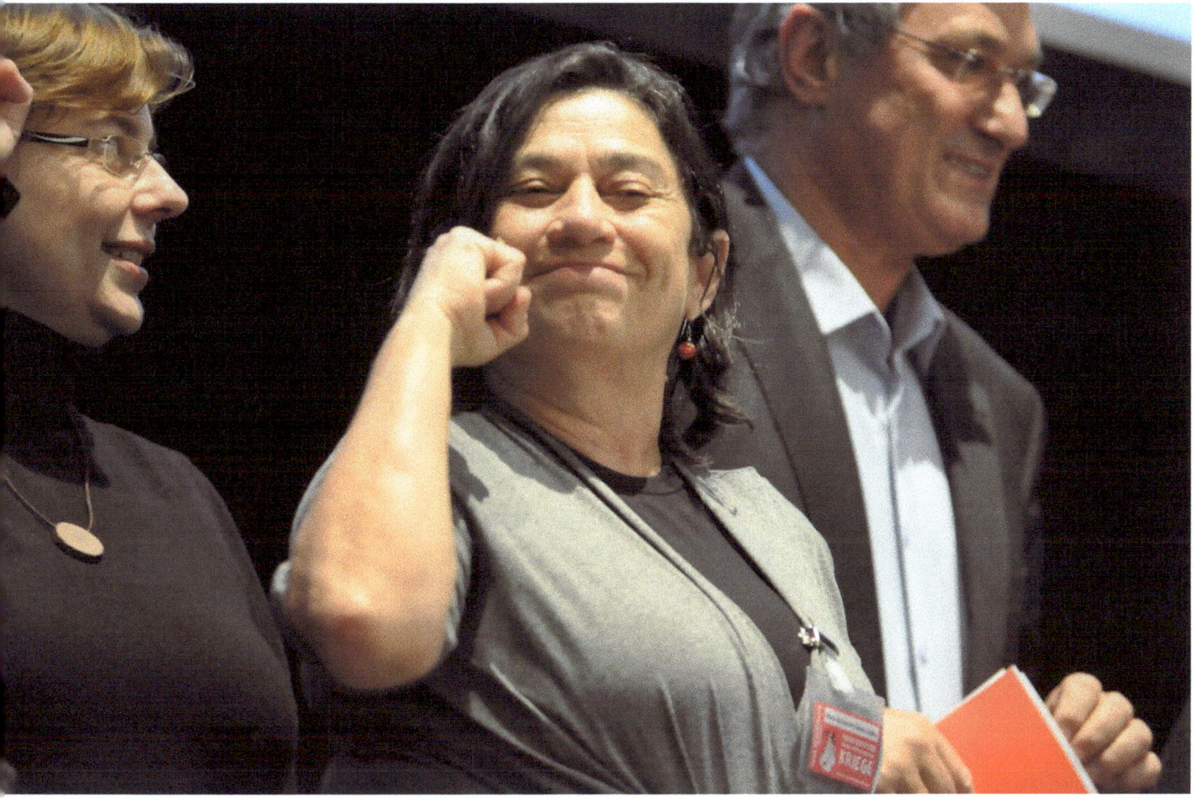

Maria do Socorro Gomes Coelho (Präsidentin Weltfriedensrat), Riexinger (Vorsitzender der Partei Die Linke)
2104

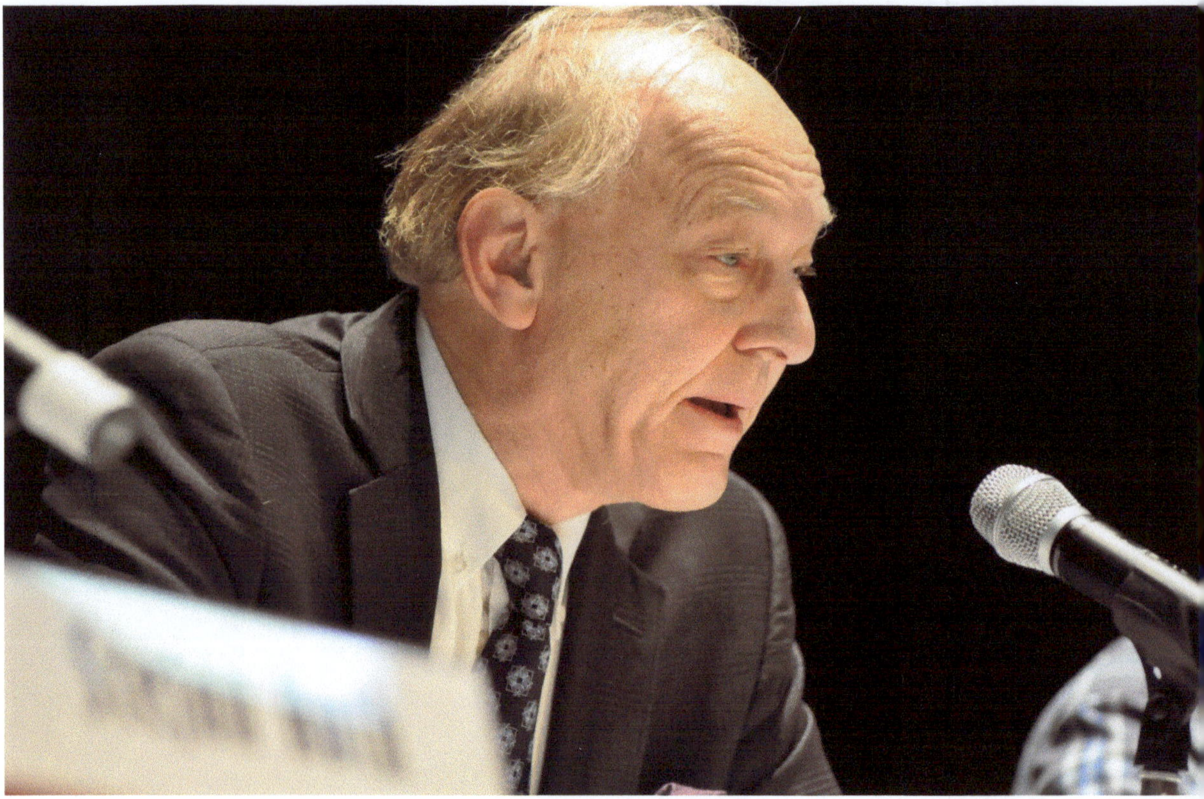

Michel Evgenij Chossudovsky kanadischer Professor der Wirtschaftswissenschaften der Universität Ottawa

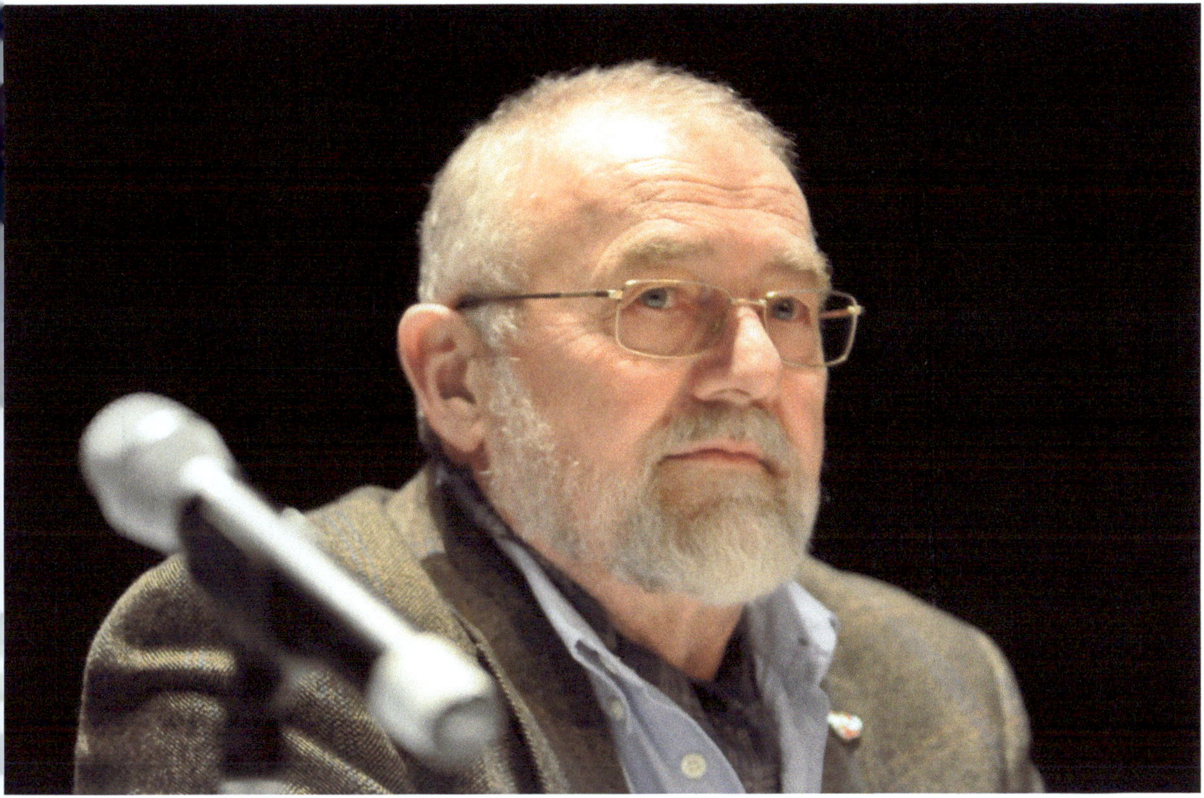

Rainer Rupp ehemaliger Mitarbeiter im NATO-Hauptquartier

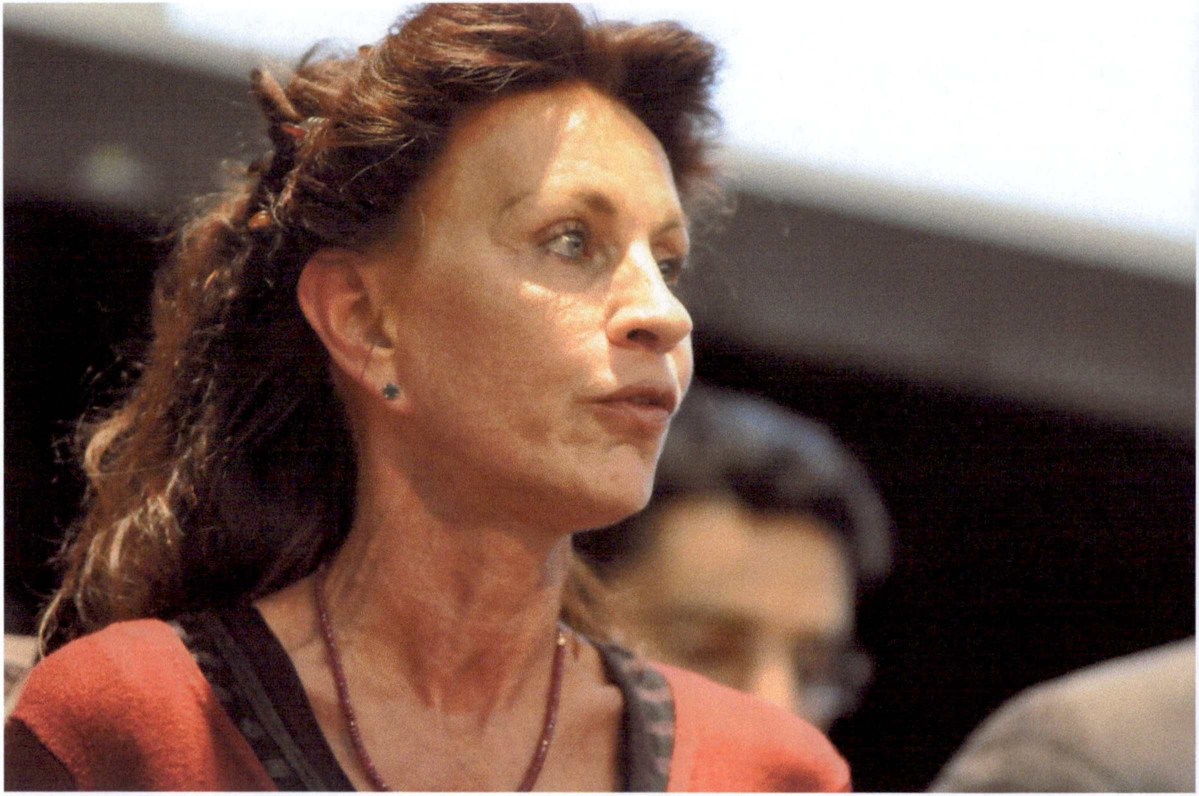

Ulla Jelpke MdB, Innenpolitische Sprecherin der PDS-Bundestagsfraktion, 2002; Die Linke, 2011

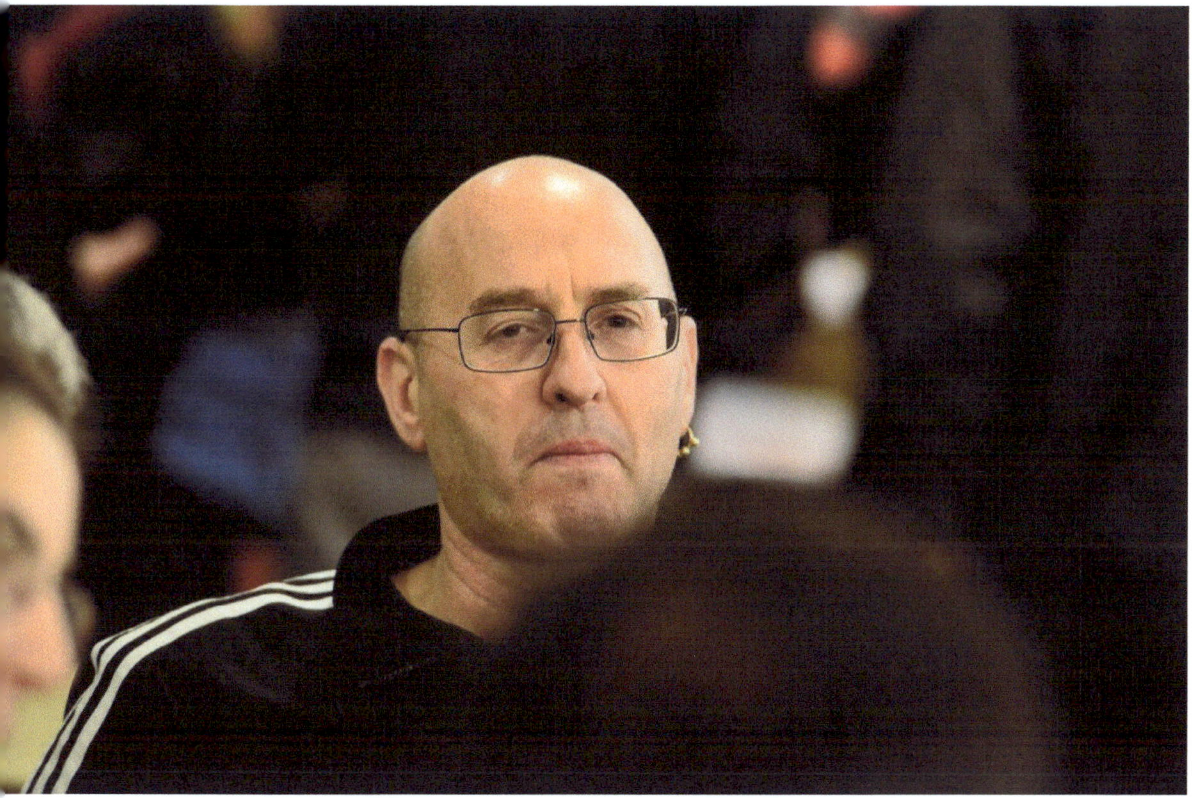

Musiker der Band Banda Bassotti (Combat-Rock-Ska, Italien)

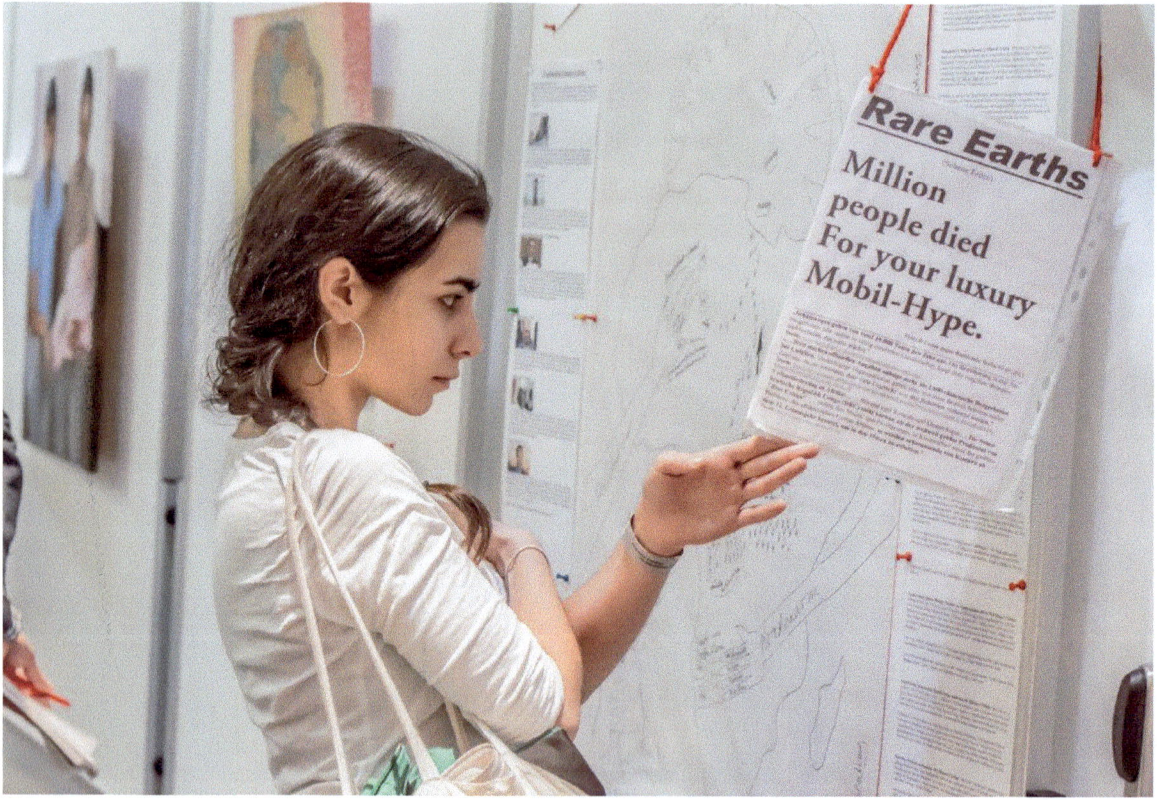
Rare Earths
Million
people died
For your luxury
Mobil-Hype.

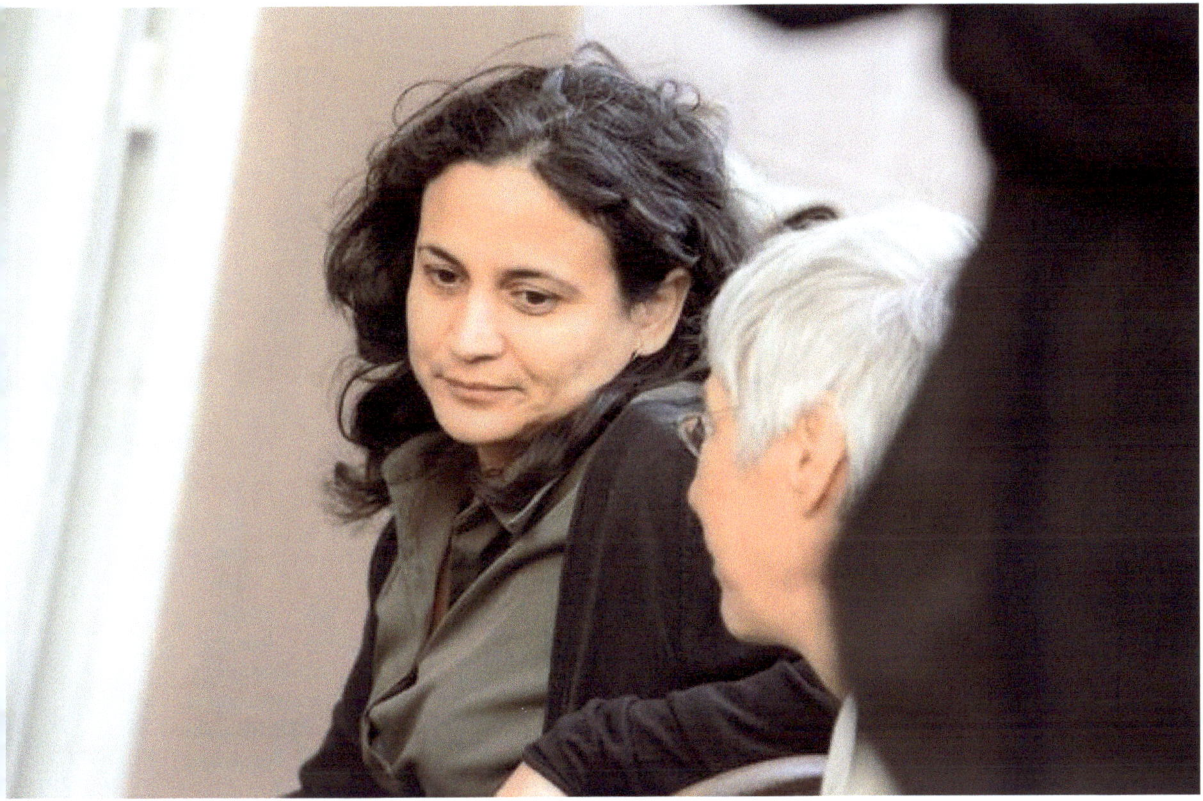

Yenki Bravo Dolmetscher*in der Kubanischen Botschaft in Berlin 2014

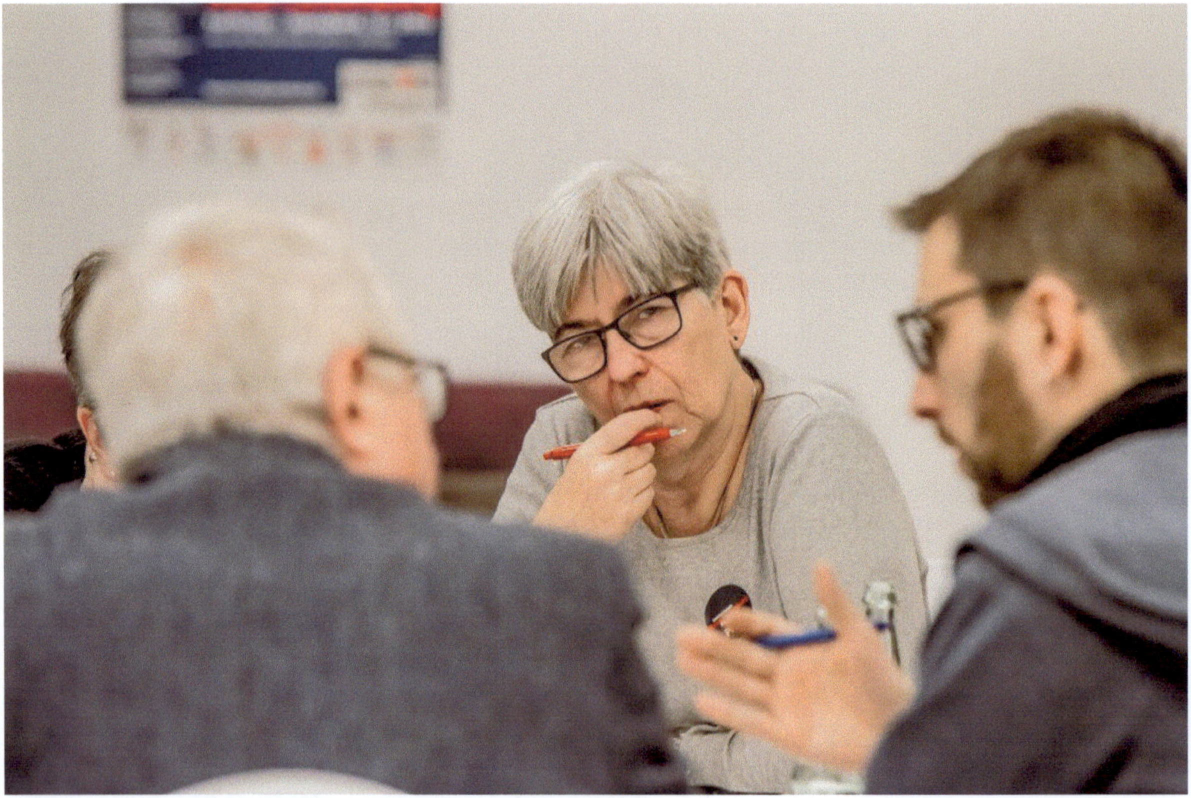

Mona Jensen, Redakteur*in der dänischen Tageszeitung Arbejderen, 2017

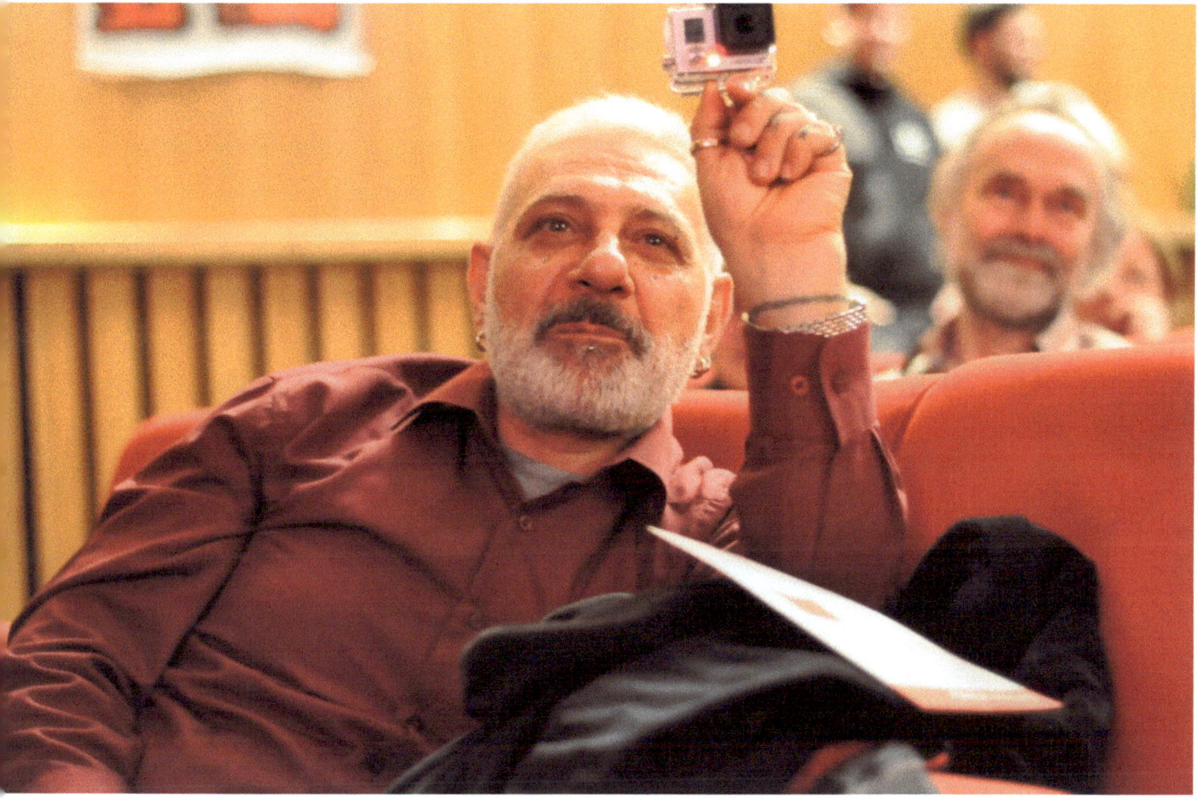

Musiker der Band Banda Bassotti (Combat-Rock-Ska, Italien)

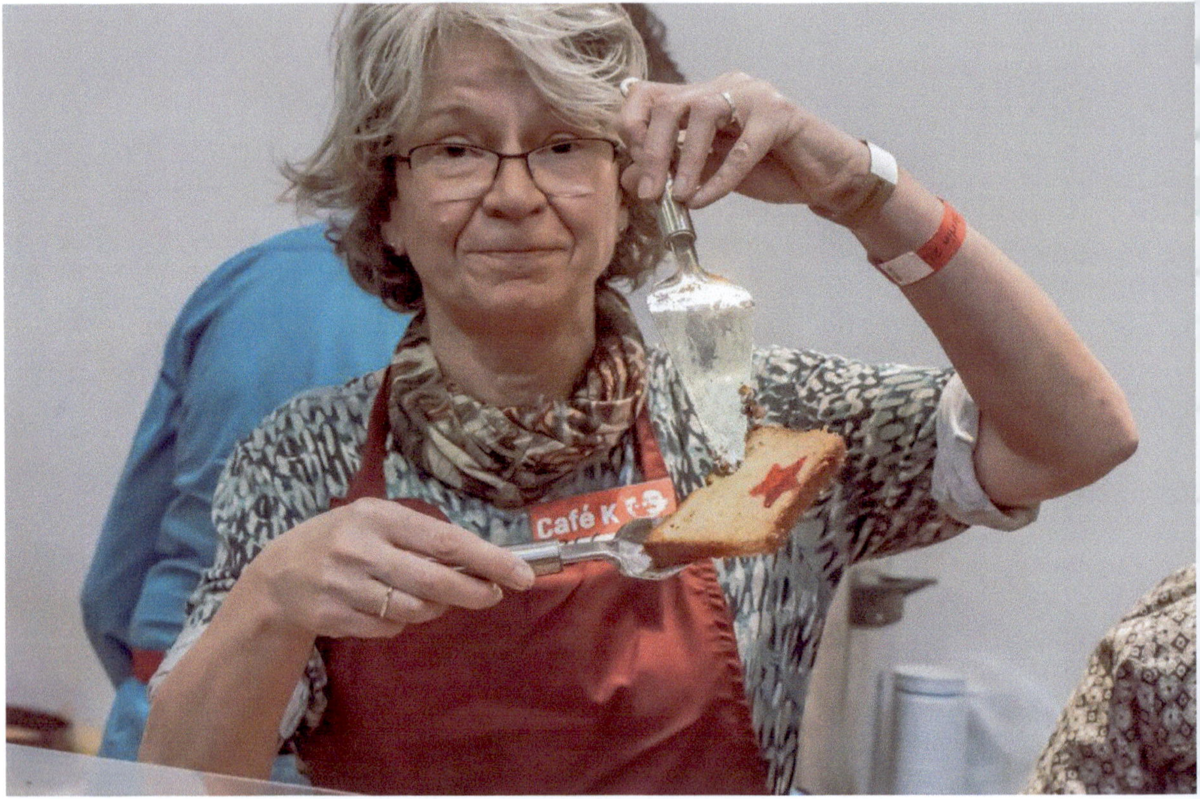
Café K

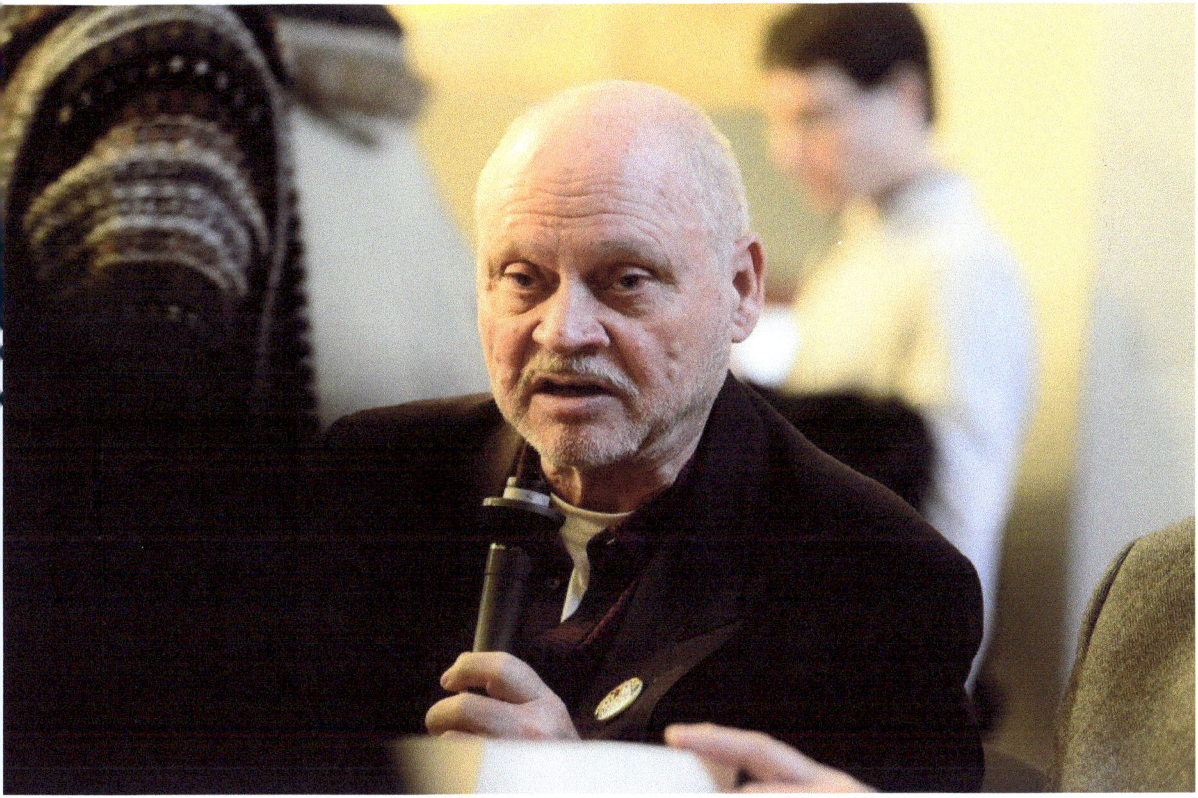

Hans Bauer, ehemaliger Staatsanwalt sowie stellvertretender Generalstaatsanwalt in der DDR

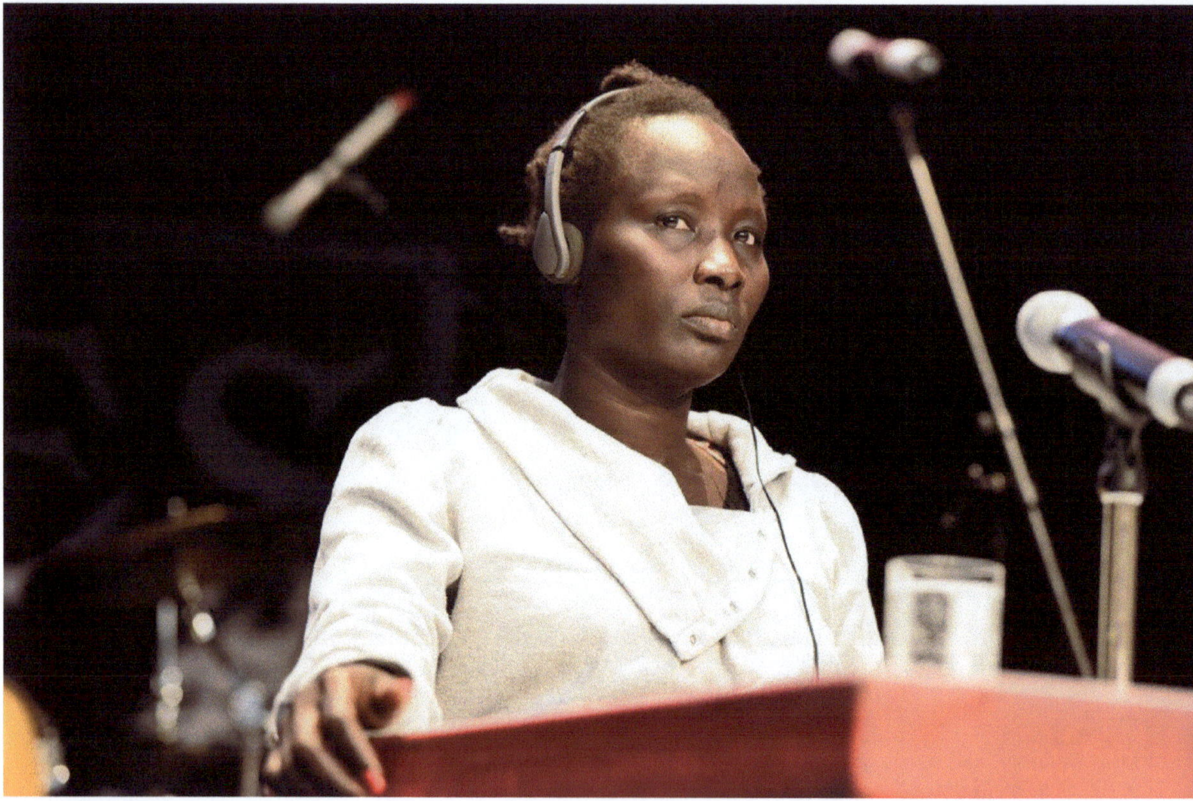

Napuli Langa aus dem Sudan, **Flüchtling in Berlin**

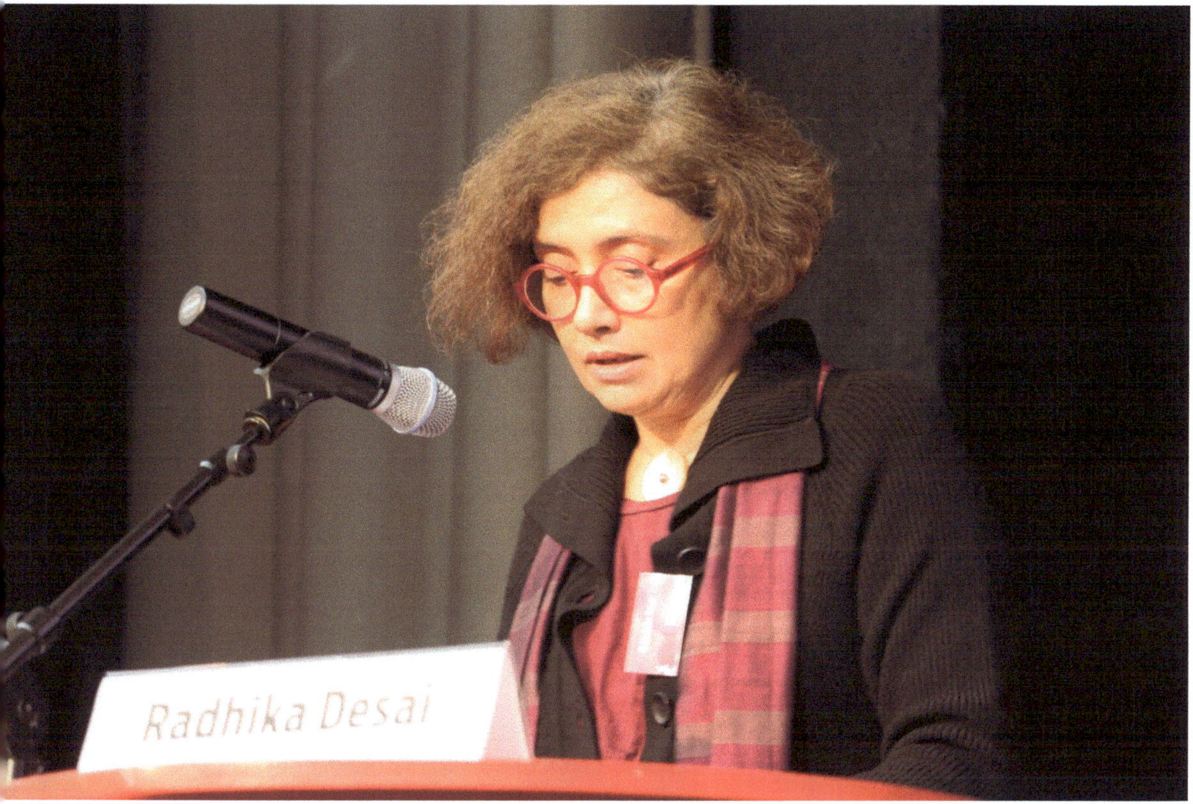

Radhika Desai, Ökonomin, Universität Manitoba, Kanada

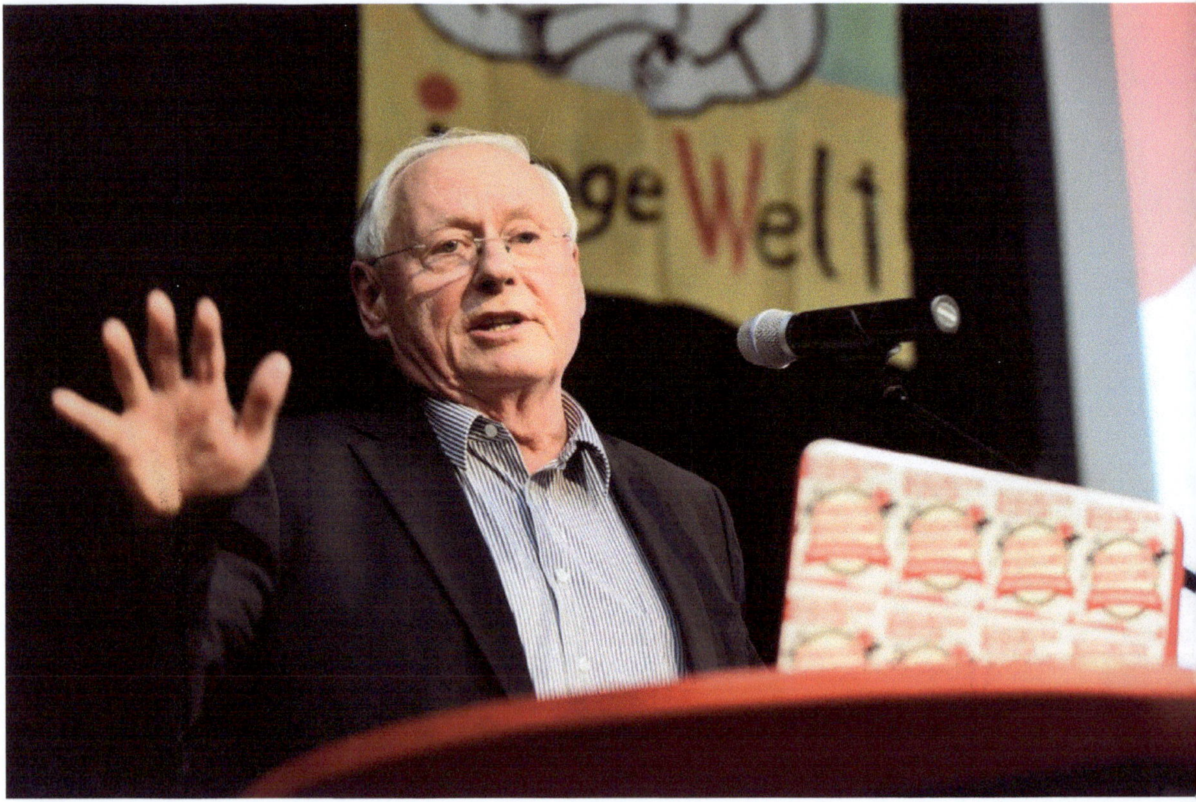

Oskar Lafontaine, Fraktion der Linkspartei im Bundestag

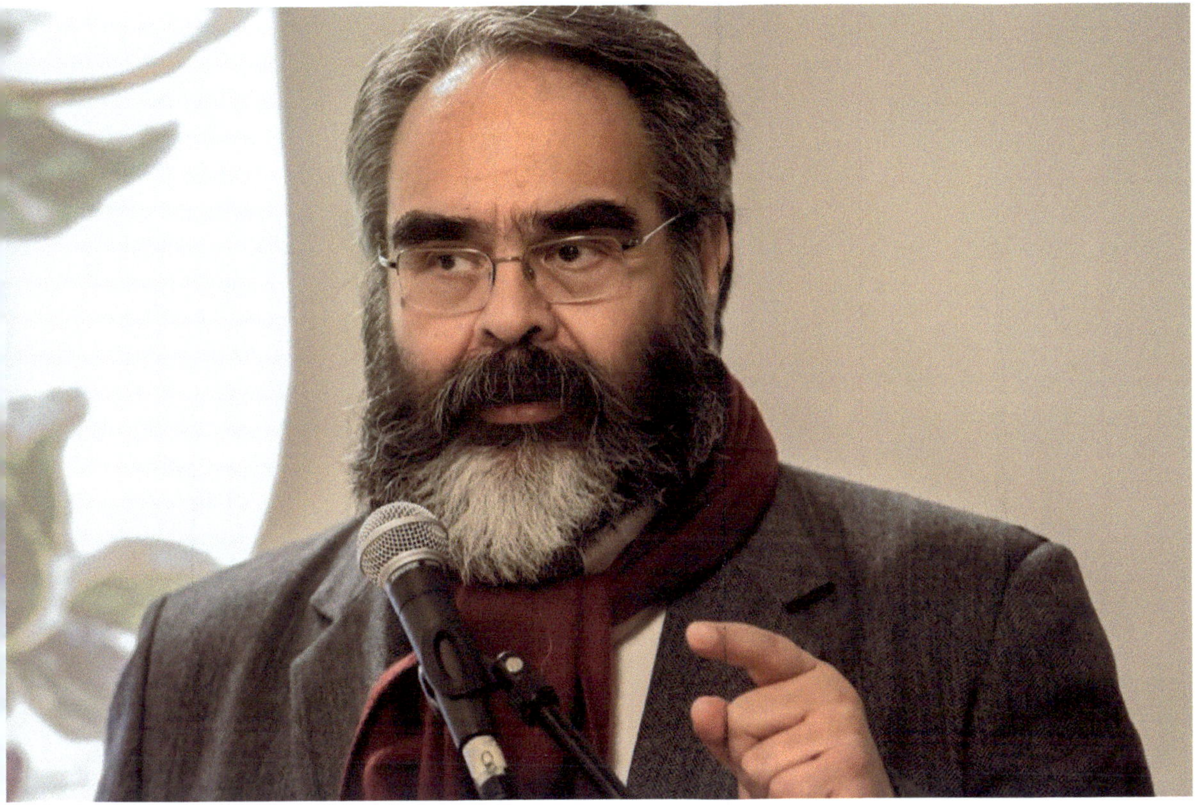

Botschafter von Ecuador in Berlin, 2014

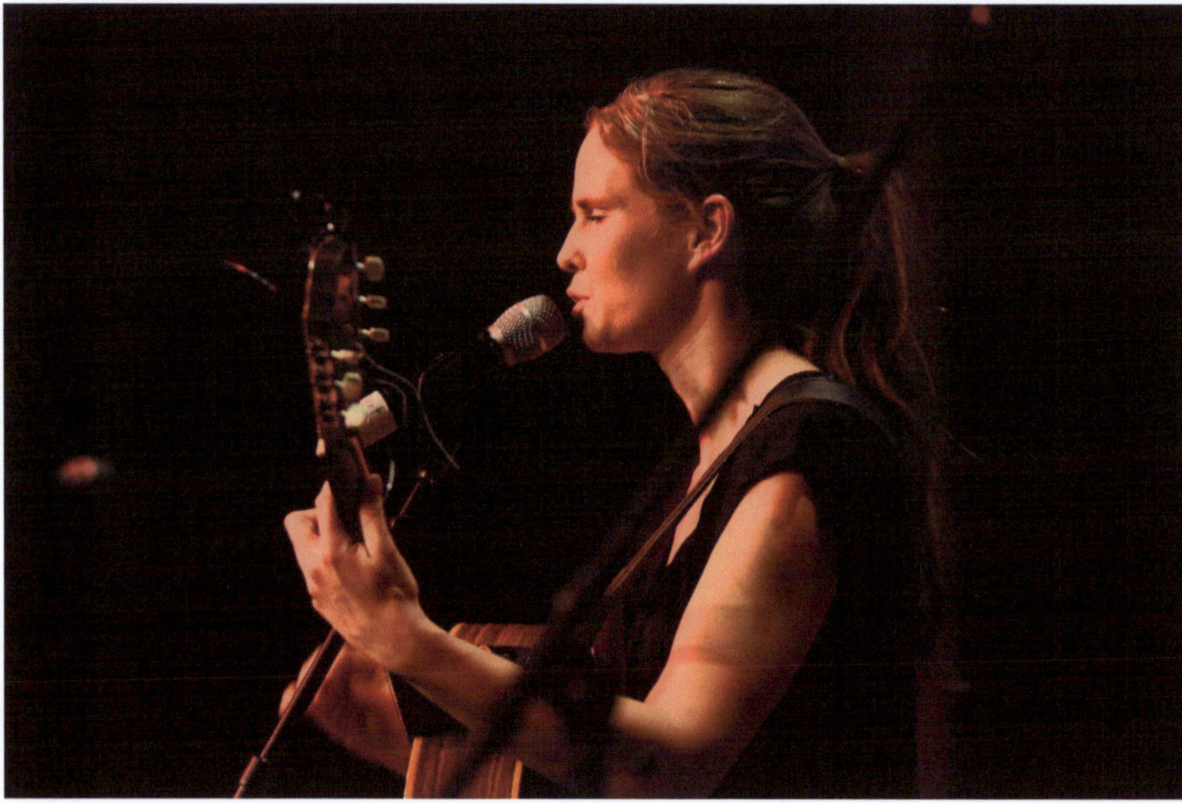

Dota Kehr, deutsche Liedermacher*in

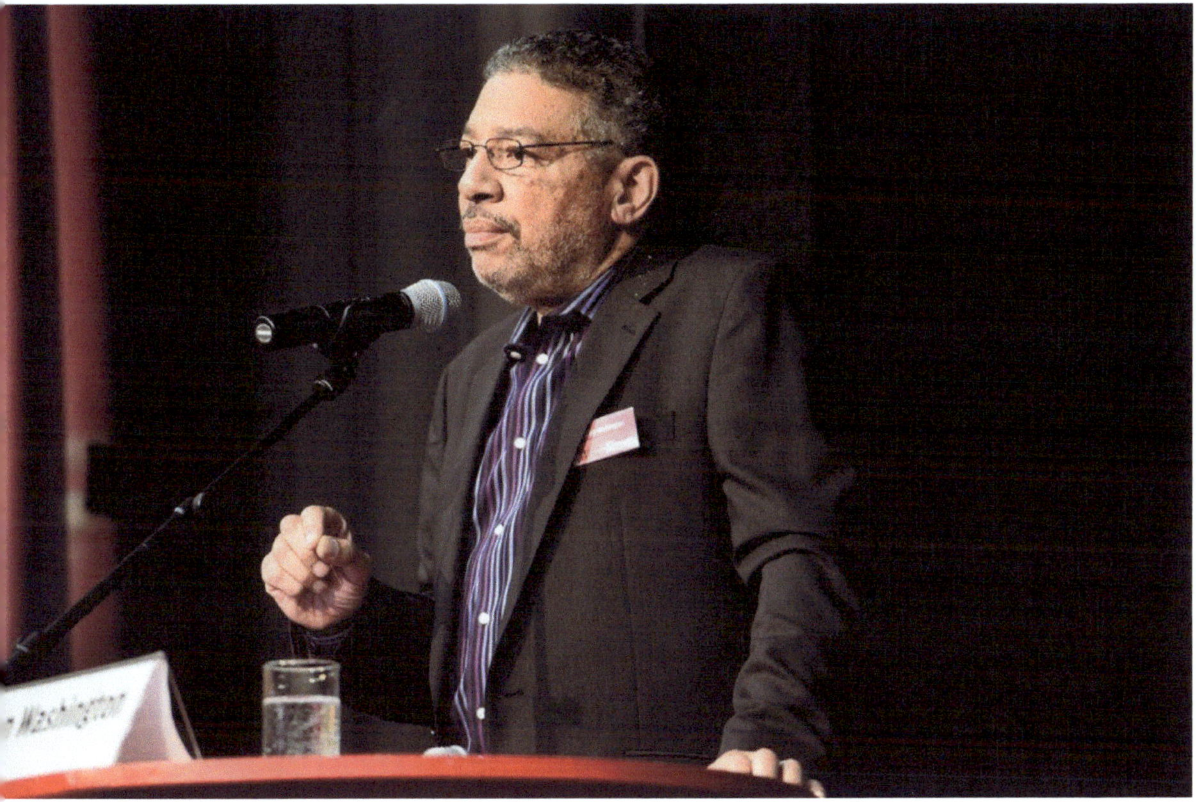

Linn Washington, Journalist, USA, 2015

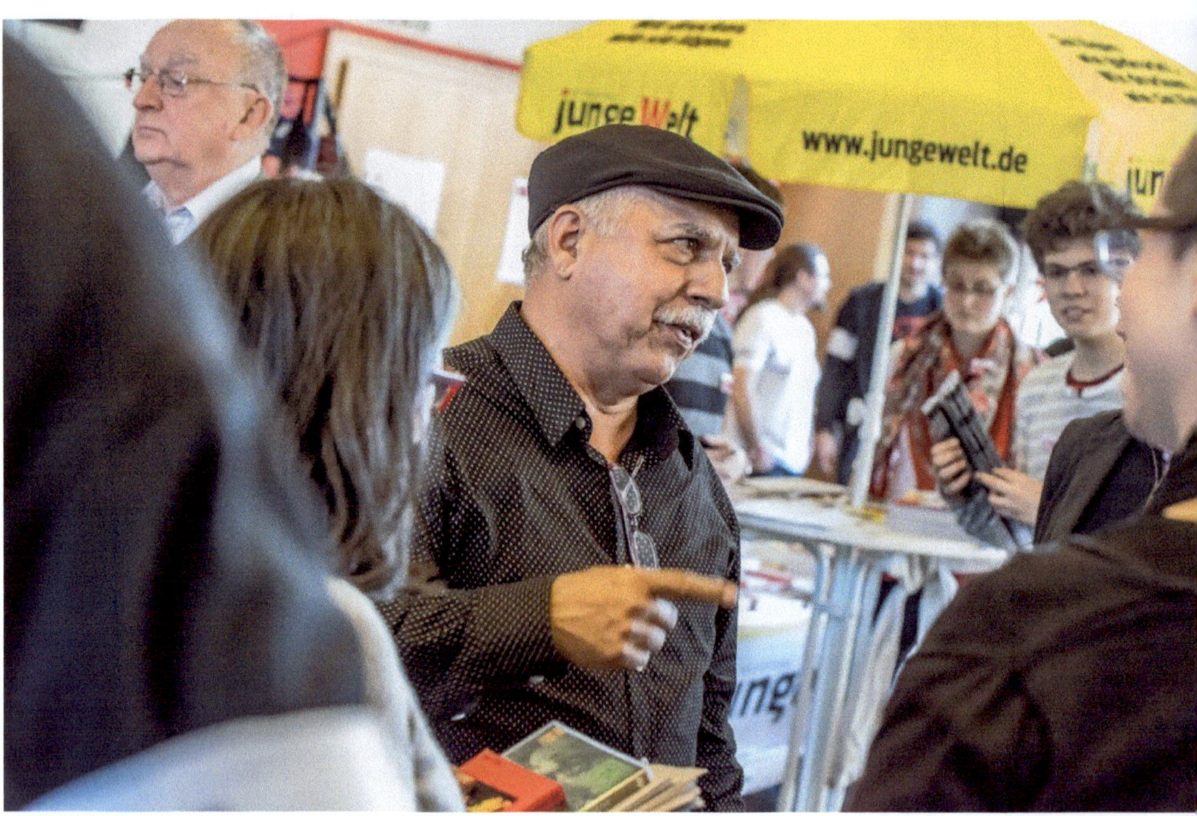

Roberto Chile, kubanischer Fotograf und Regisseur

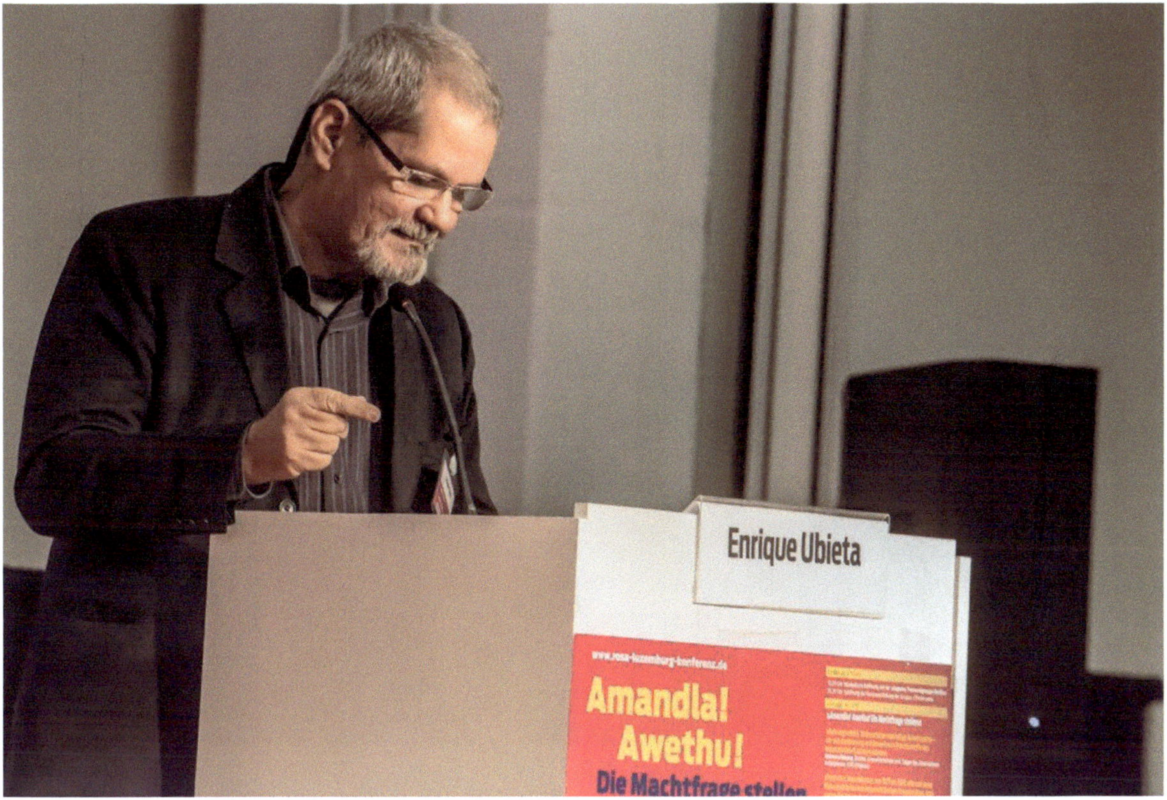

Enrique Ubieta Gómez, kubanischer Essayist und Wissenschaftler

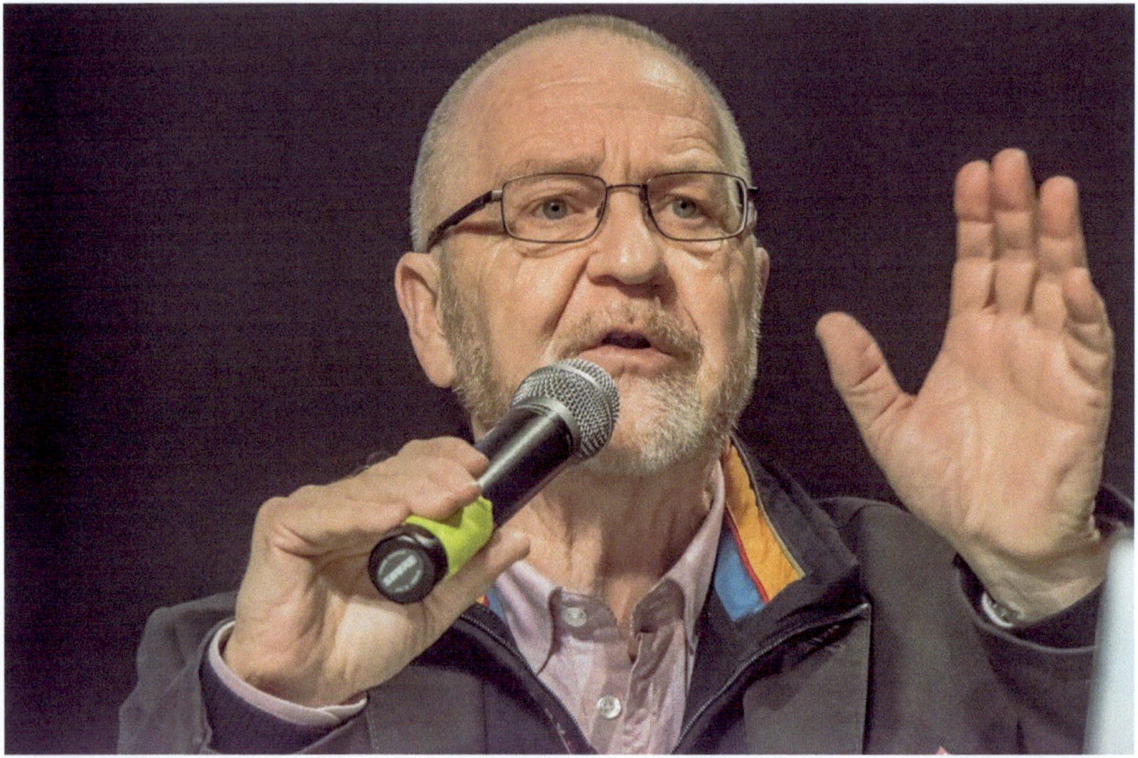

Volker Hermsdorf, deutscher Journalist / Redakteur mit Schwerpunkt Kuba

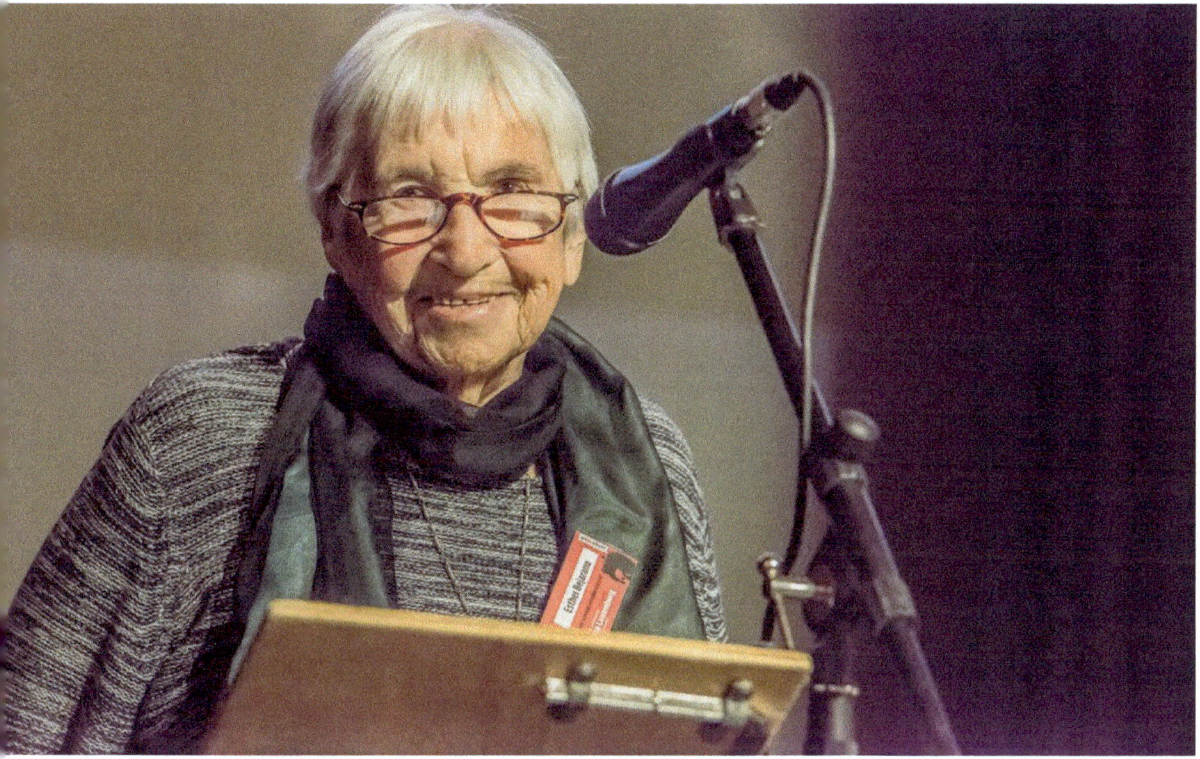

Esther Bejarano, Sängerin und Antifaschistin, Hamburg

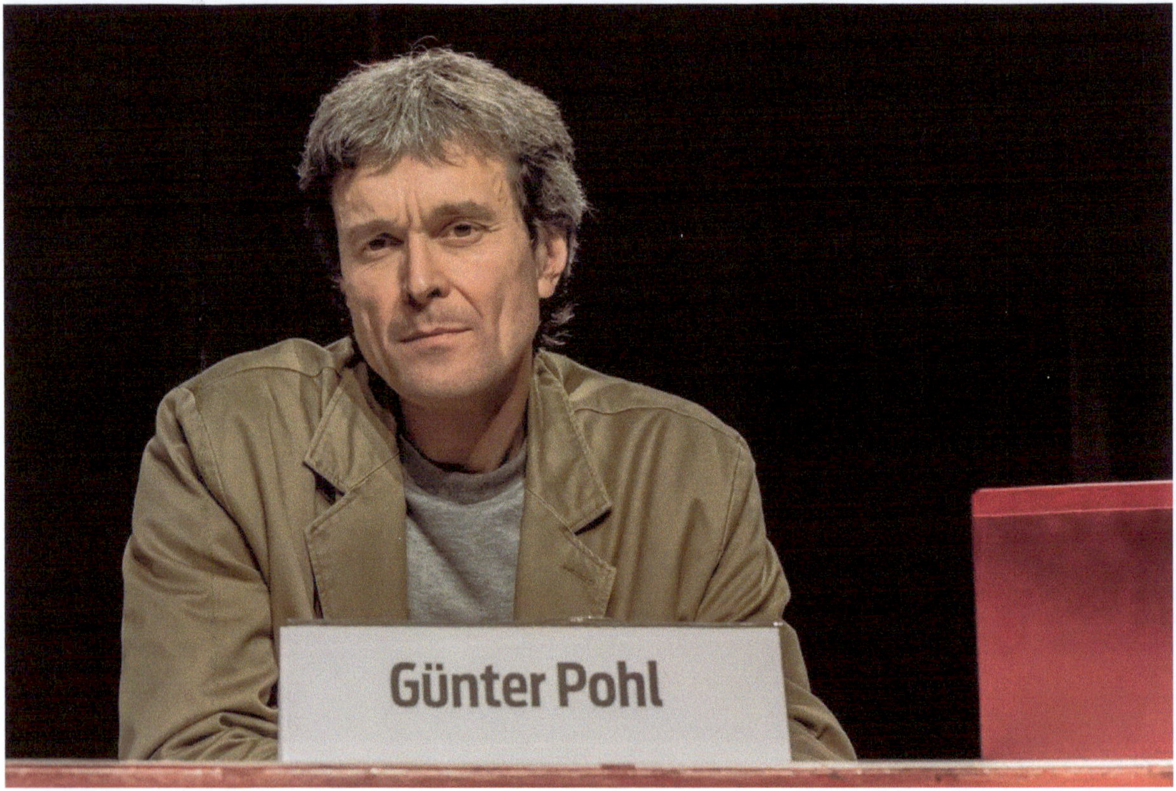

Günter Pohl, Internationaler Sekretär der DKP

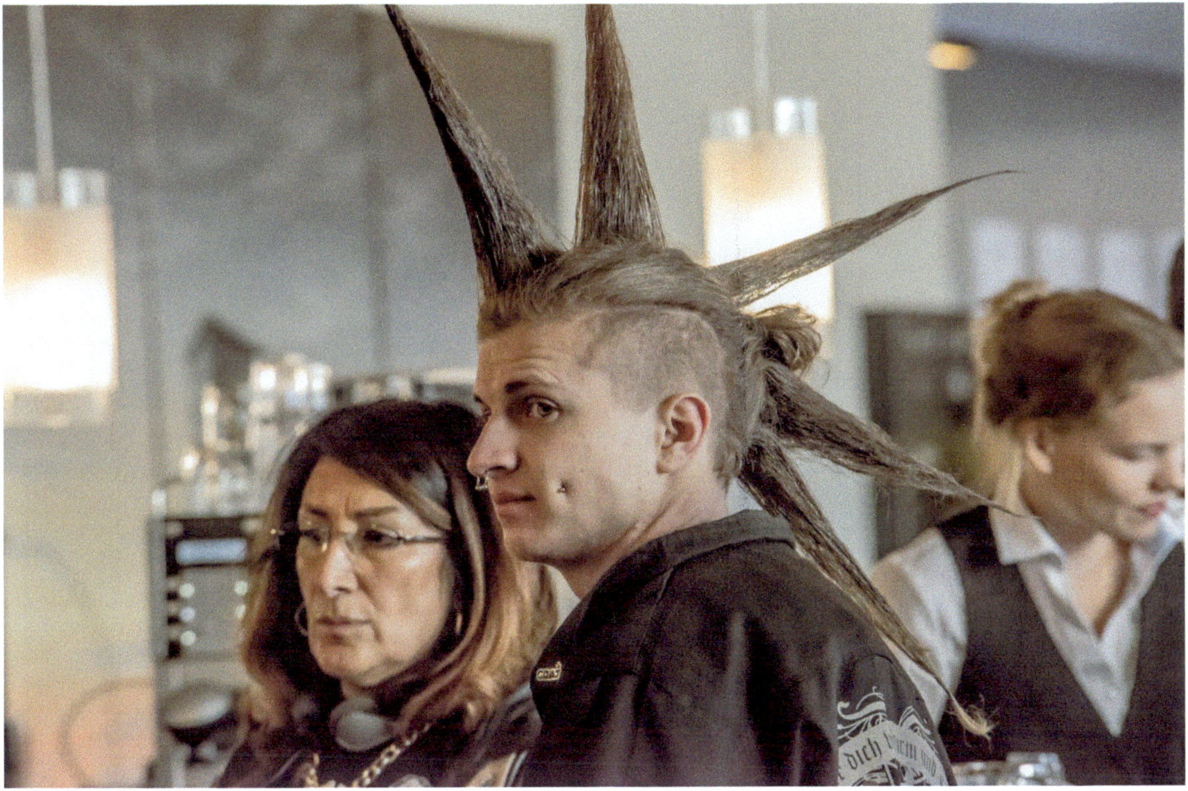

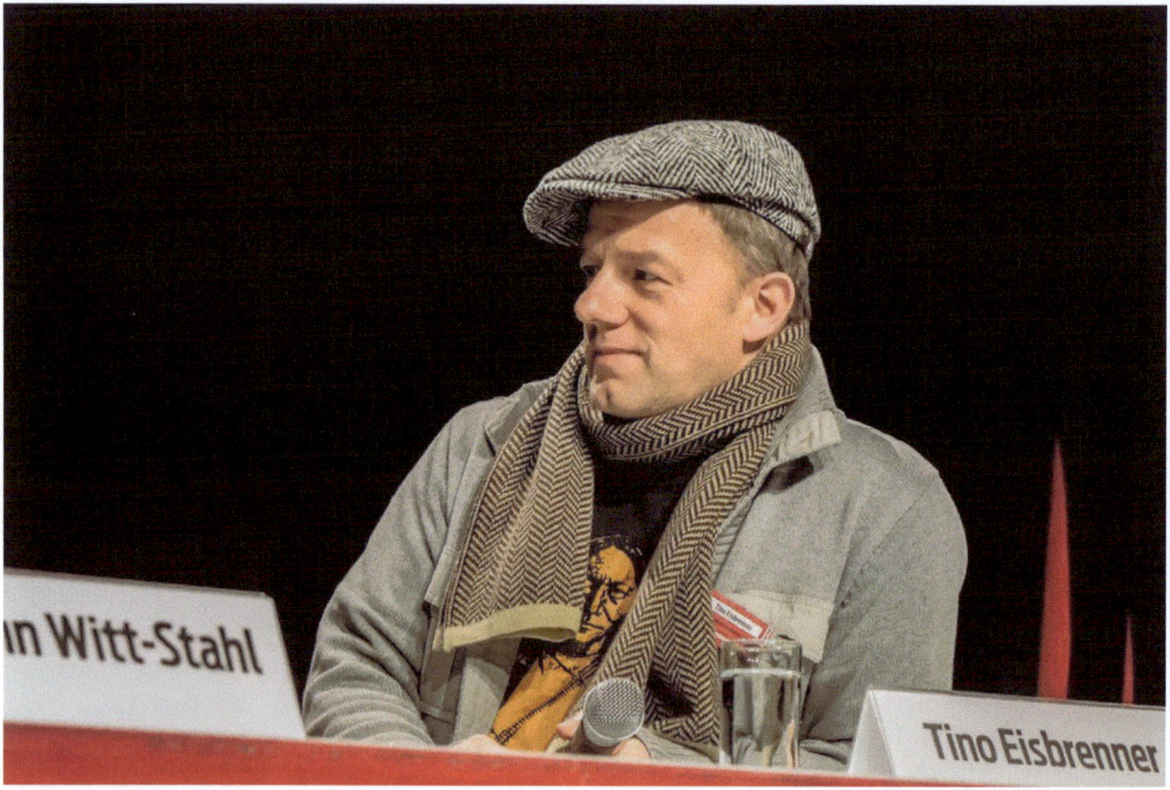

Tino Eisbrenner, deutscher Musiker

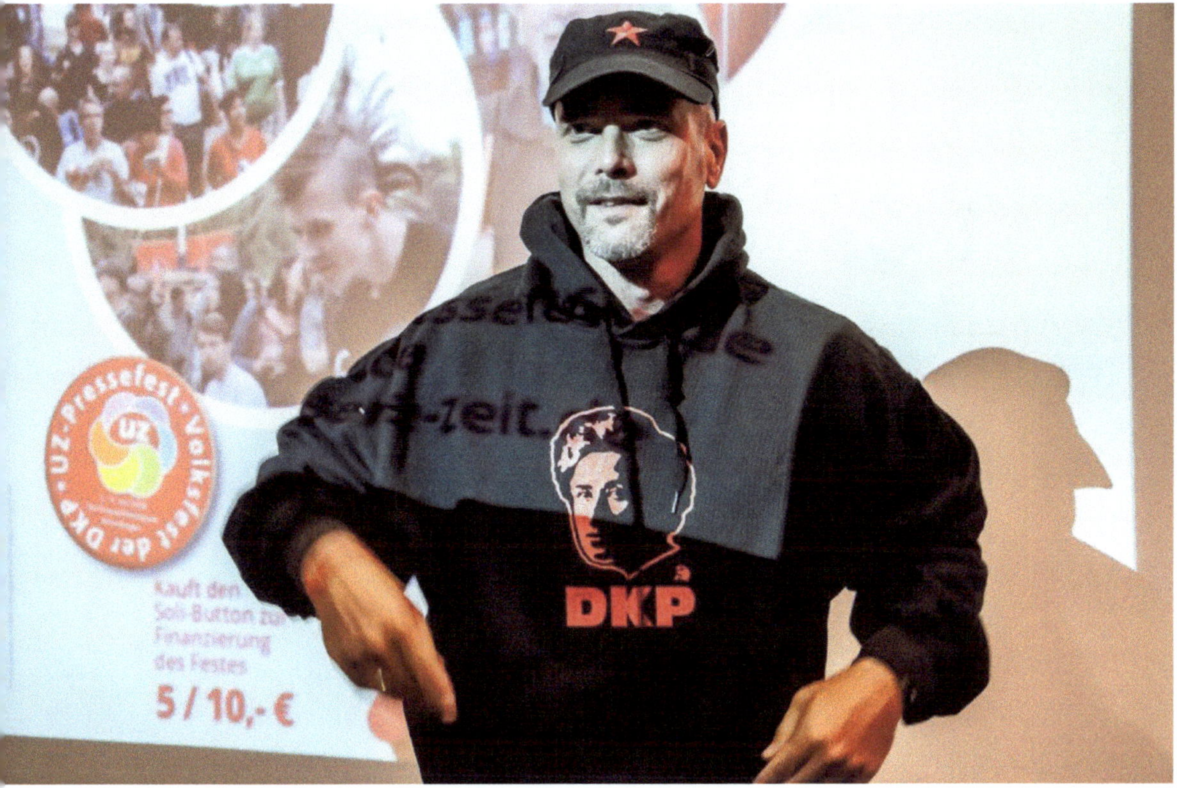

Gerardo Hernández, Cuban Five, Kuba

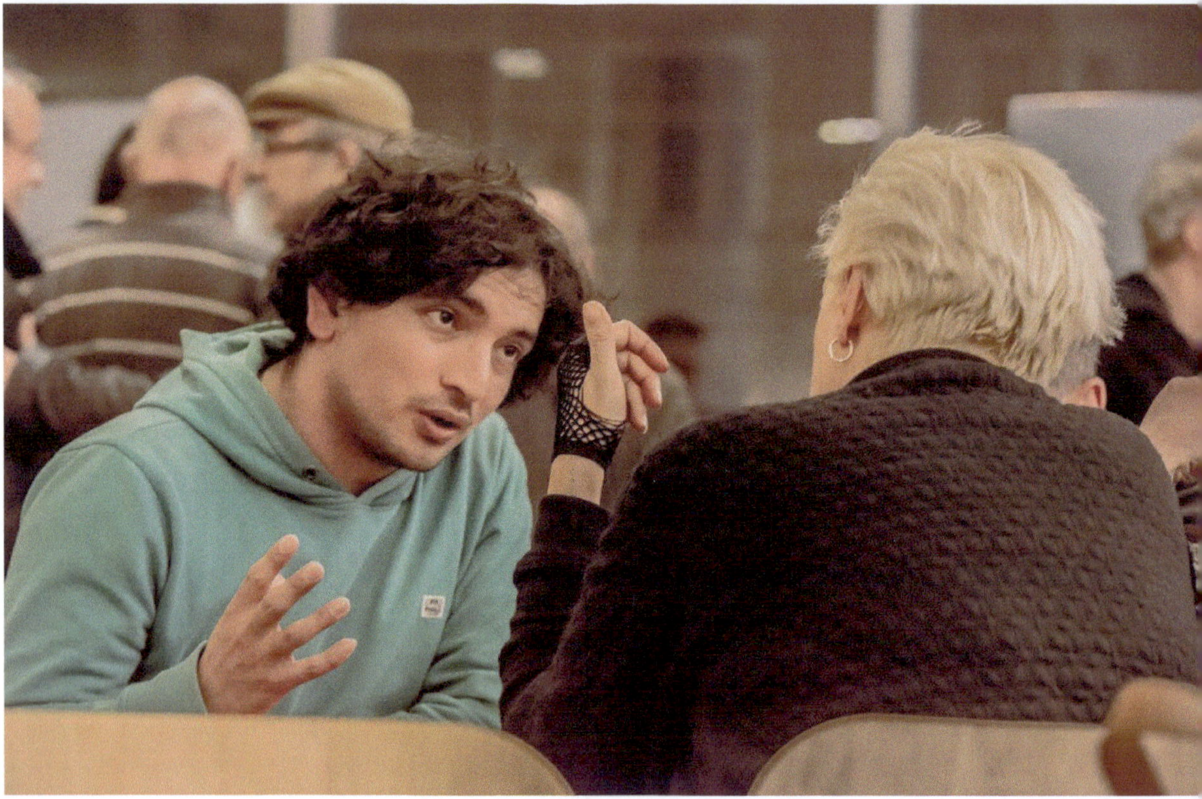

Nicolás Rodrigo Miquea, chilenischer Liedermacher

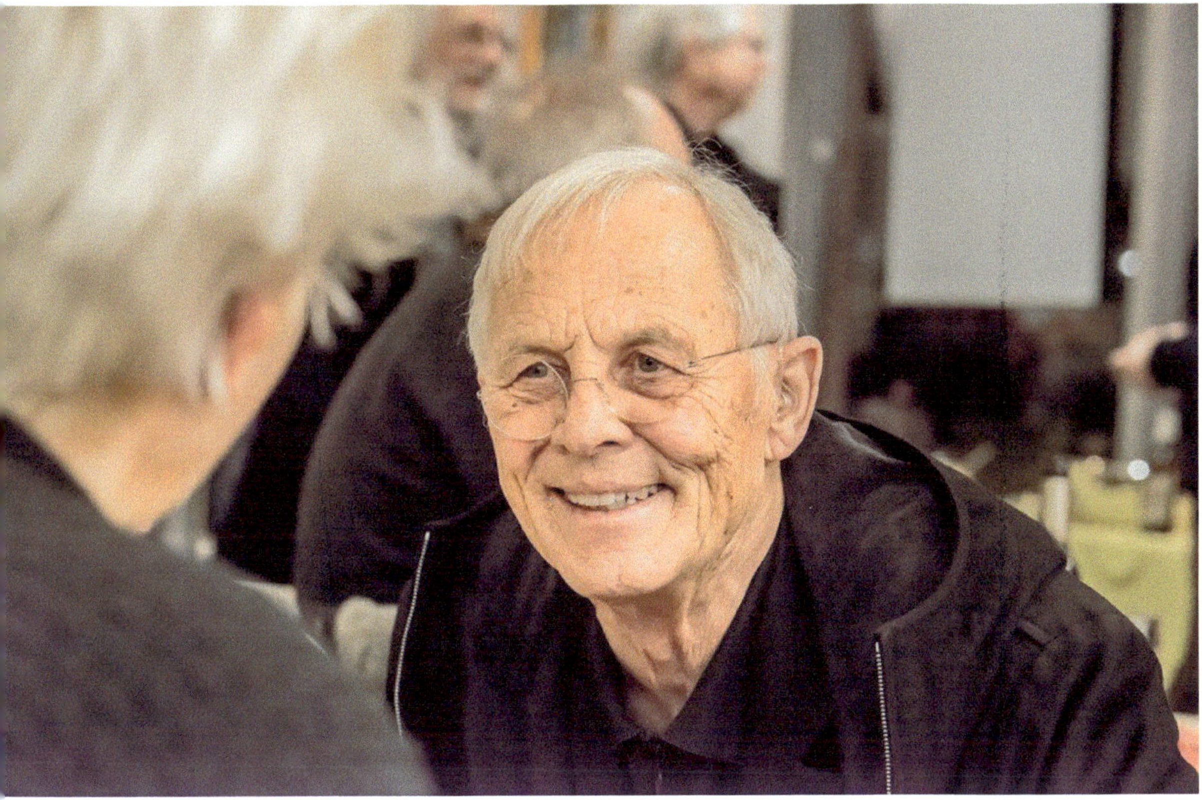

Rolf Becker, deutscher Schauspieler

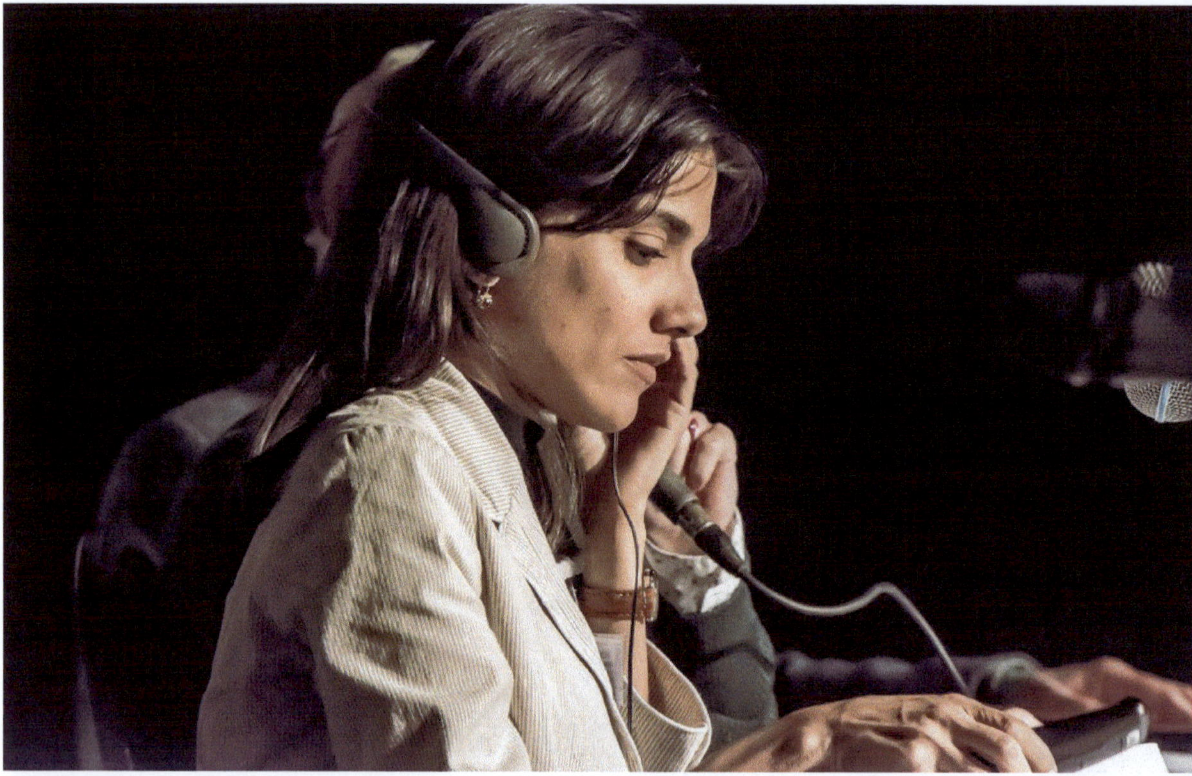

Arlín Alberty Loforte, Leiter*in von *Granma Internacional,* Kuba

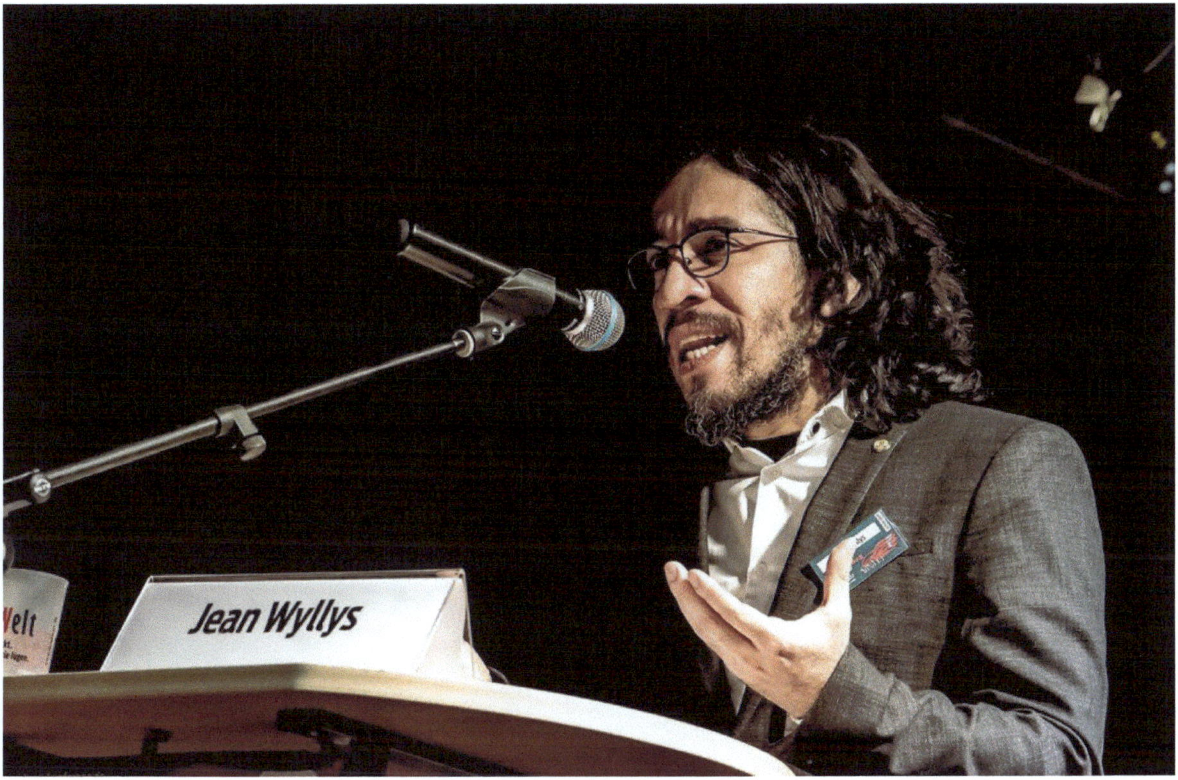

Jean Wyllys, Partido Socialismo e Liberdade, Brasilien, 2017

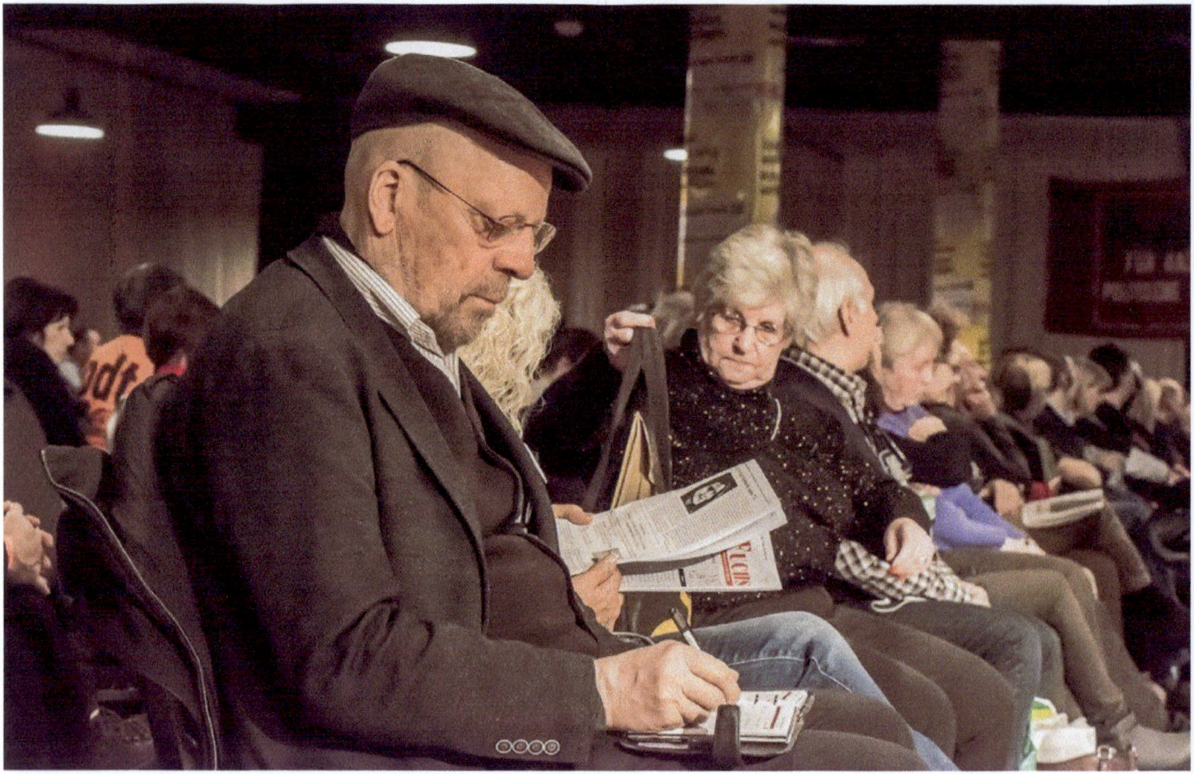

Eberhard Schultz, Rechtsanwalt, namhafter Verteidiger in Kurden*innenprozessen

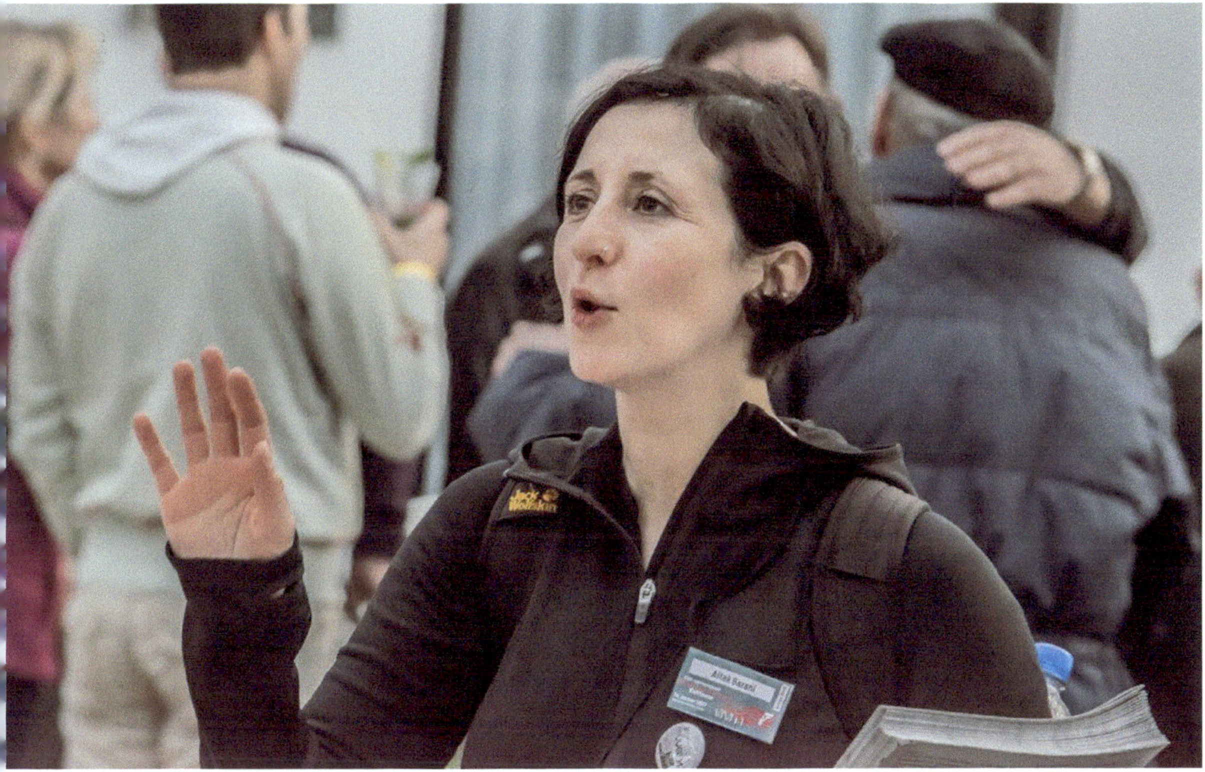

Altak Barani, Zusammen e.V., aus dem Iran

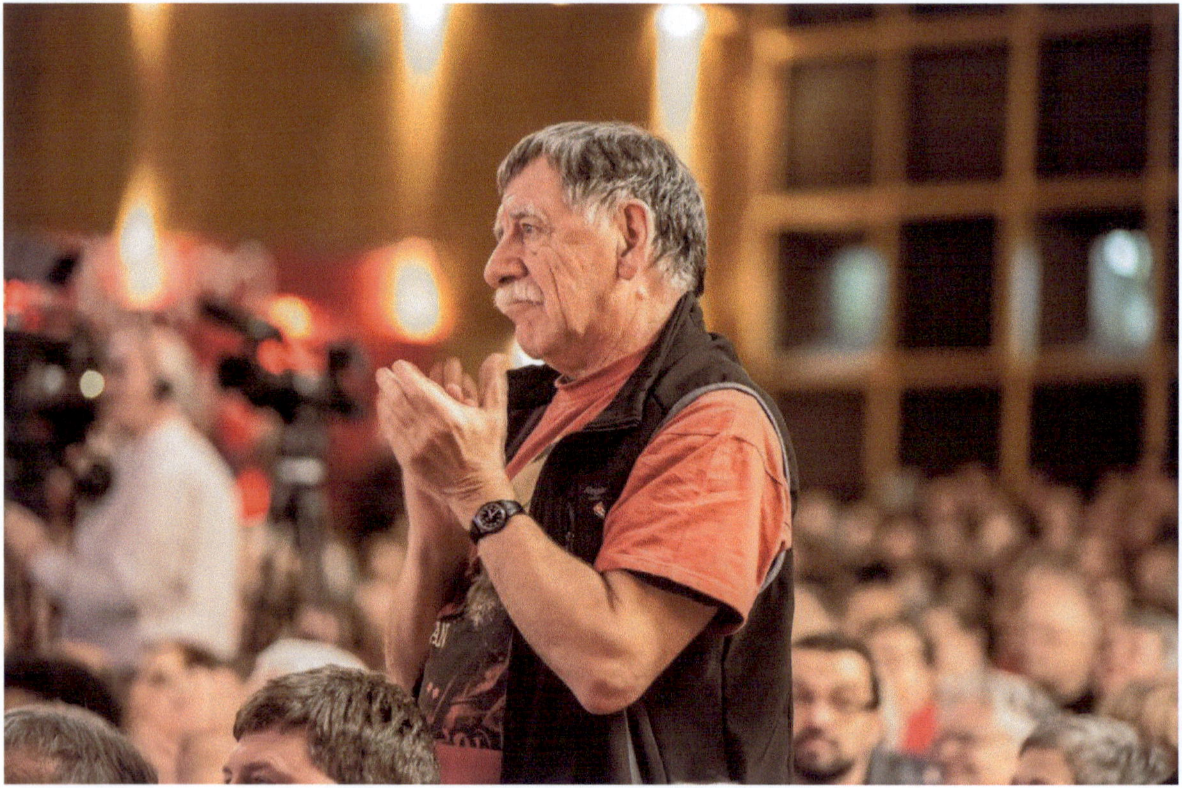

Samuel Wanitsch, der Koordinator der Vereinigung Schweiz-Cuba

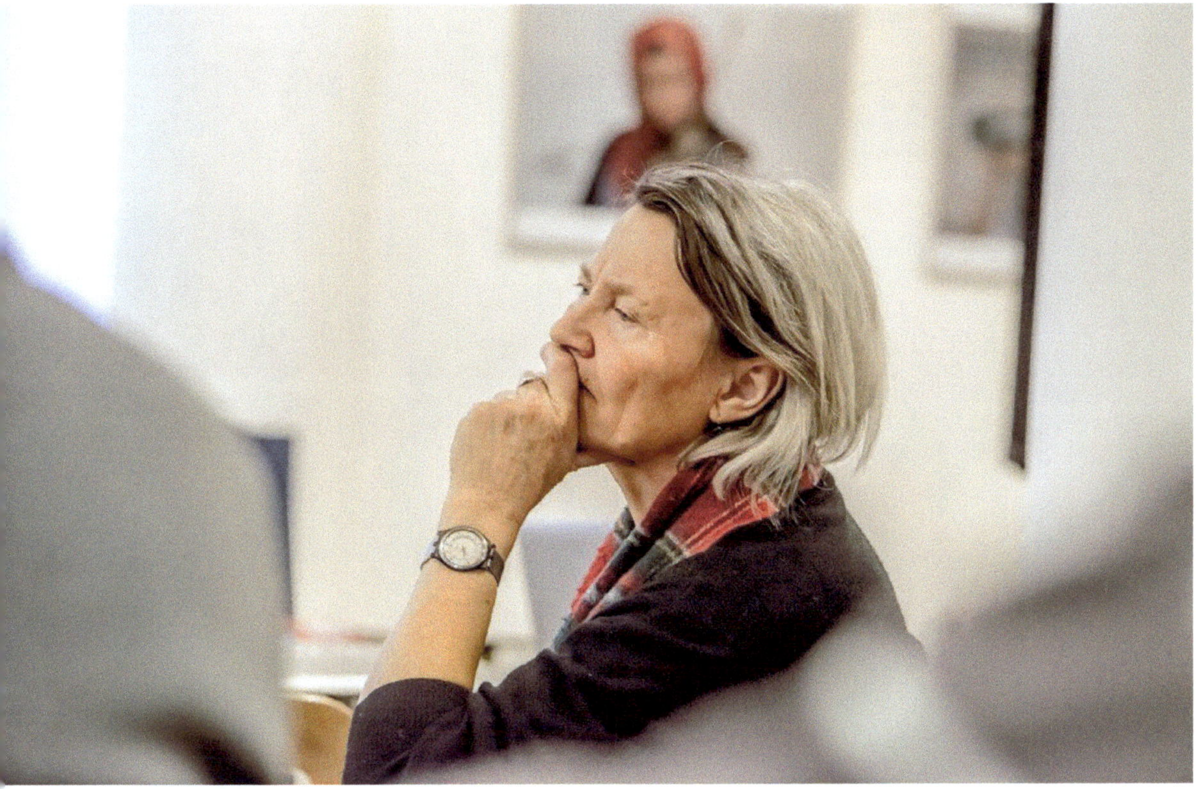

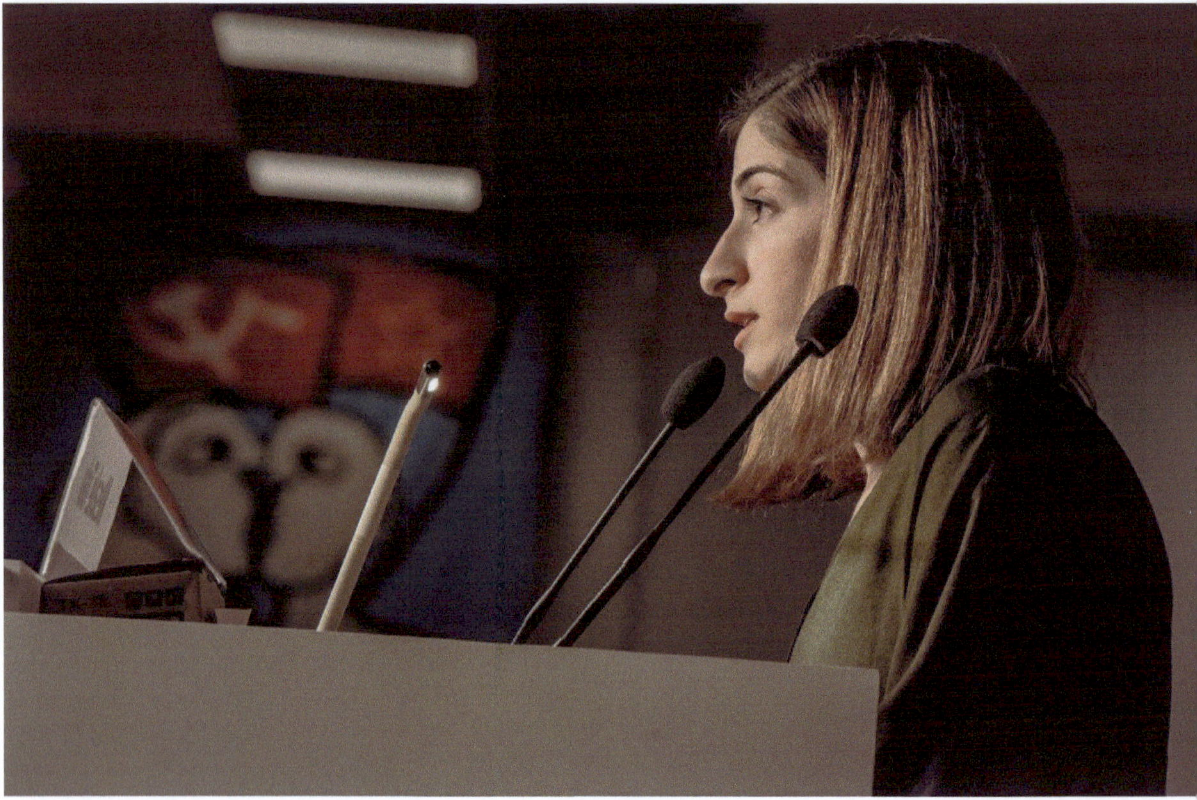

Mesale Tolu Corlu, deutsche Journalistin und Übersetzerin, kurdischer Herkunft

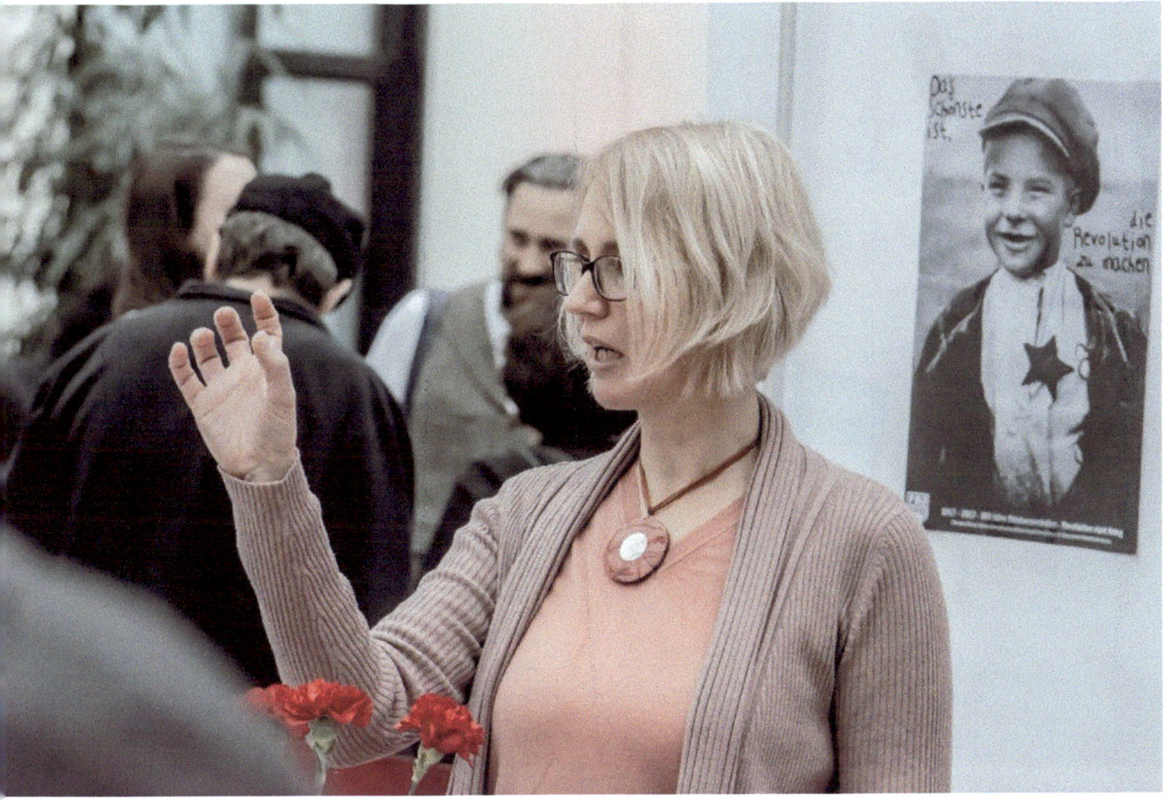
Das Schönste ist,
die Revolution zu machen

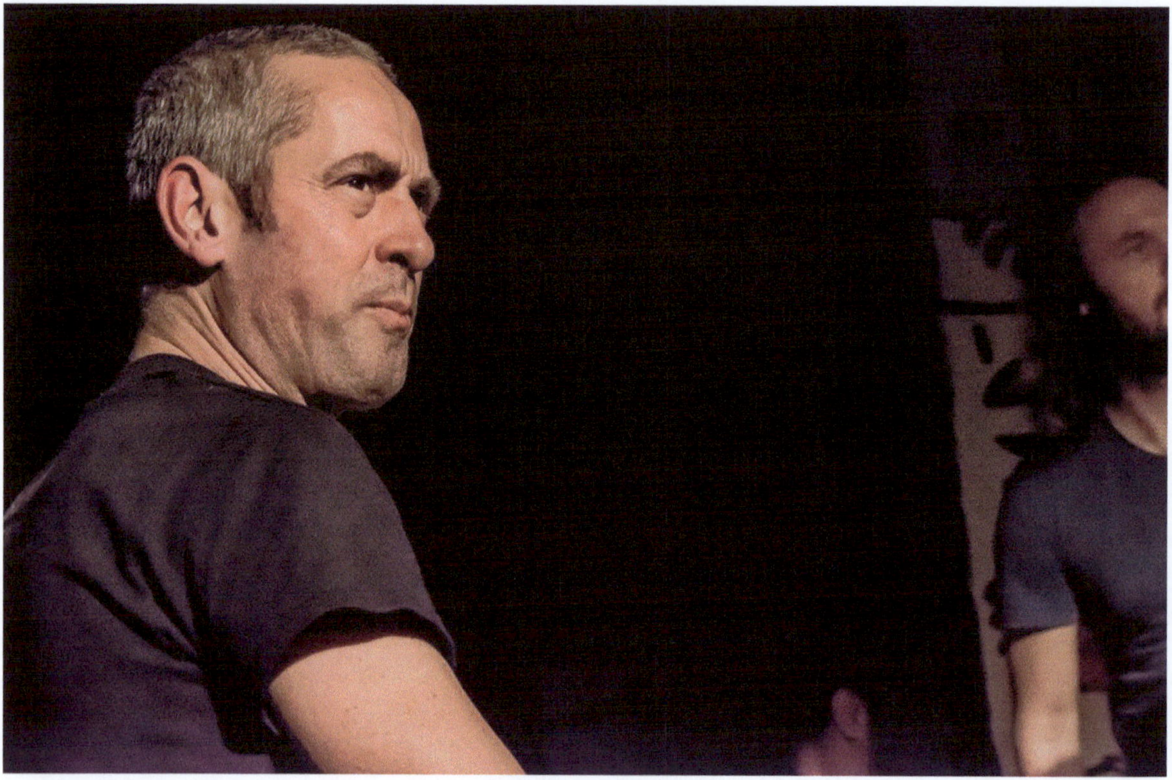

Musiker der Band Banda Bassotti, Combat-Rock-Ska, Italien

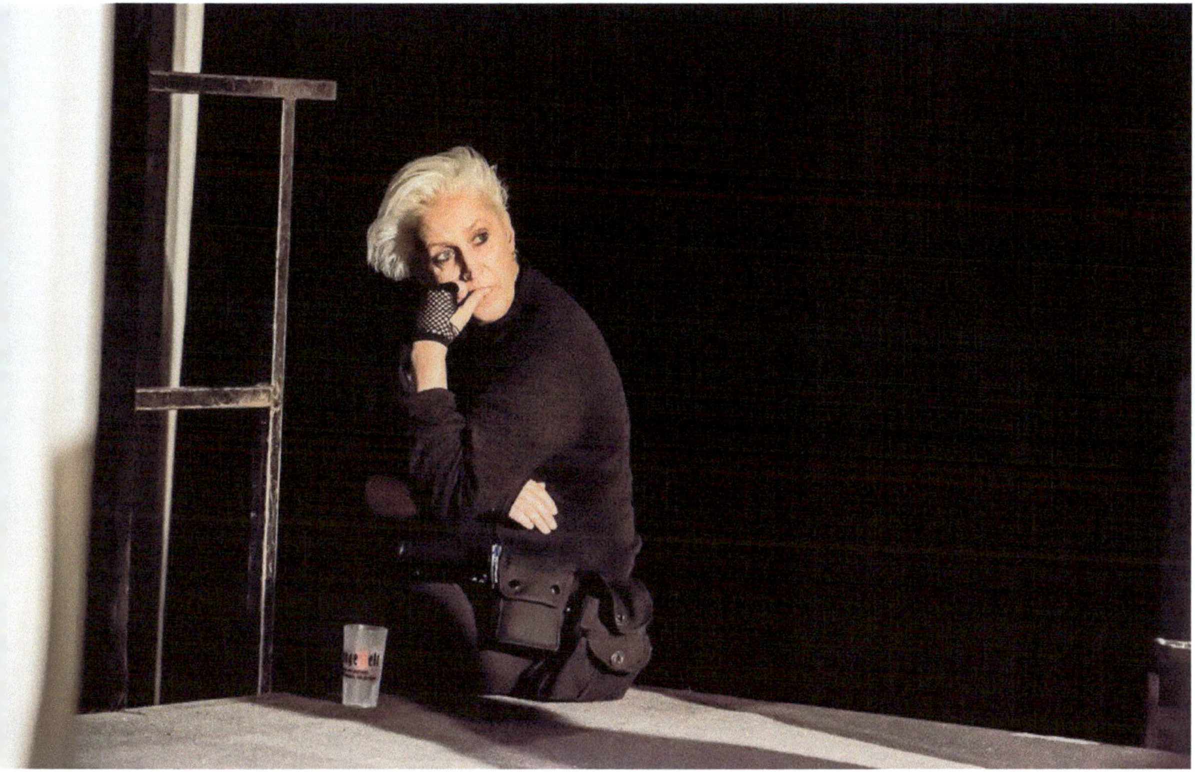

Susann Witt-Stahl, Publizist*in, Chefredakteur*in der Melodie und Rhythmus

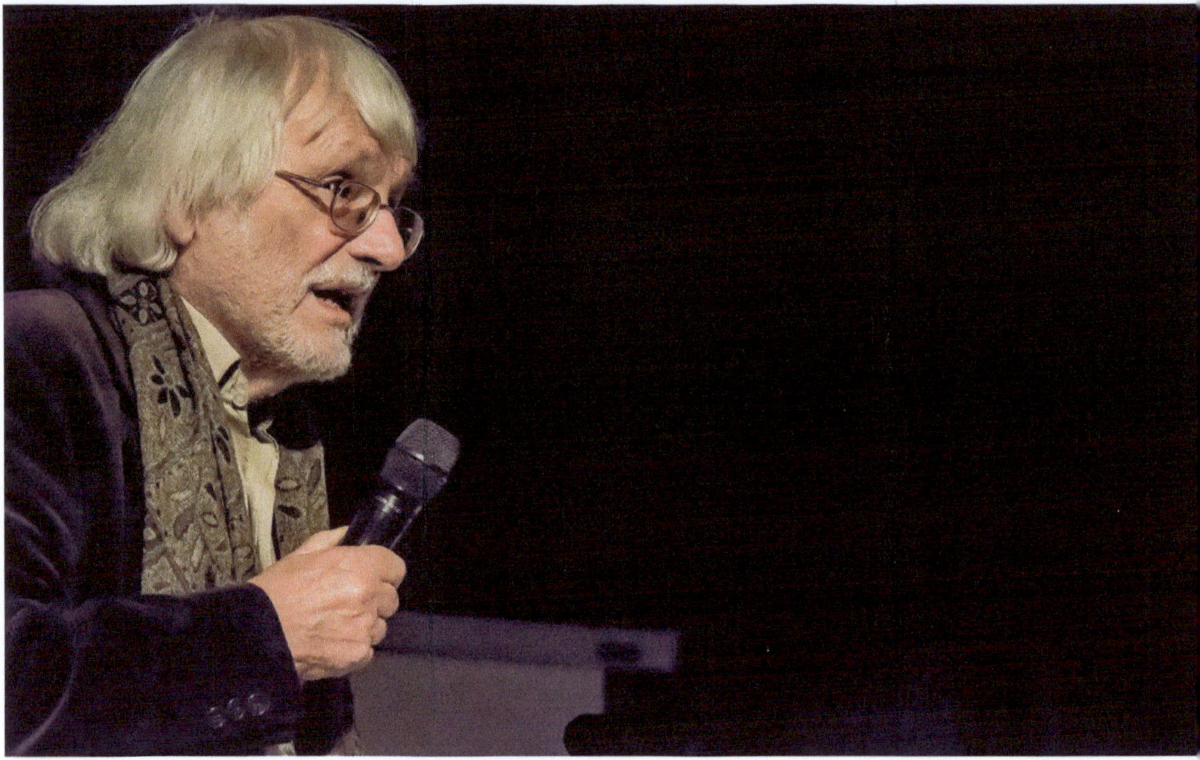

Otto Köhler, deutscher Journalist und Publizist

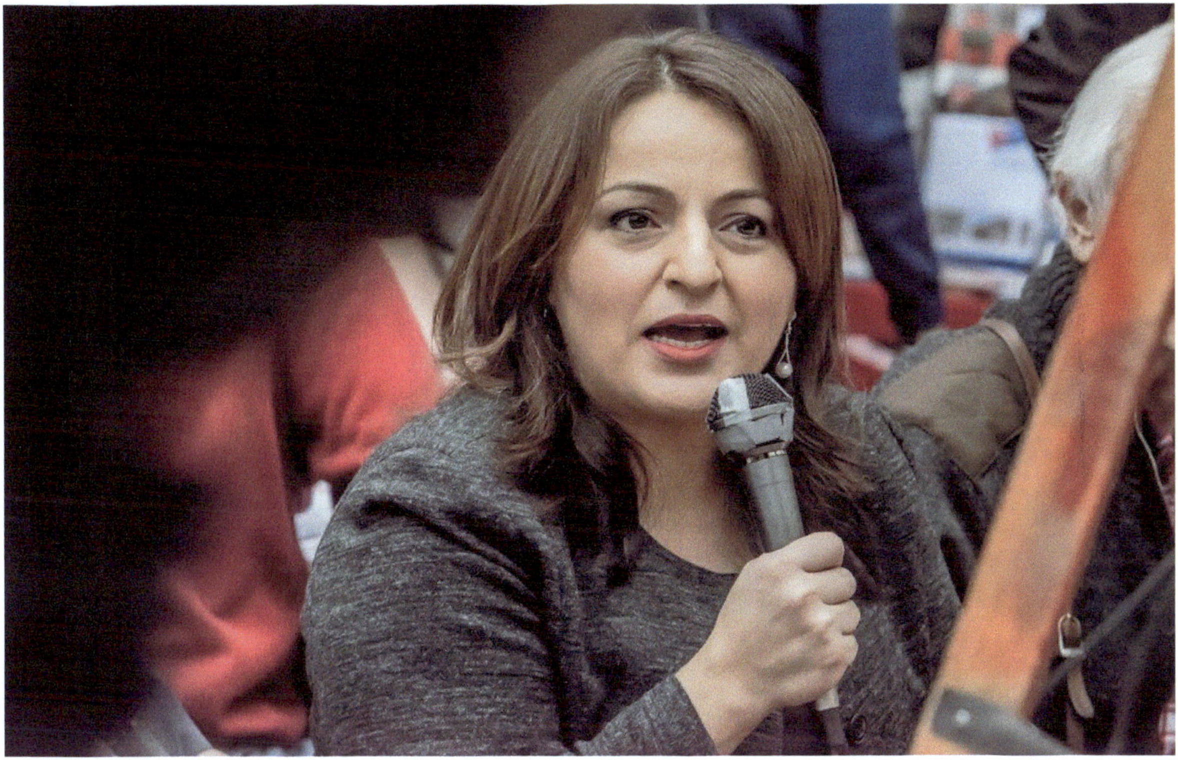

Sevim Dagdelen, deutsche Politikerin der Partei Die Linke

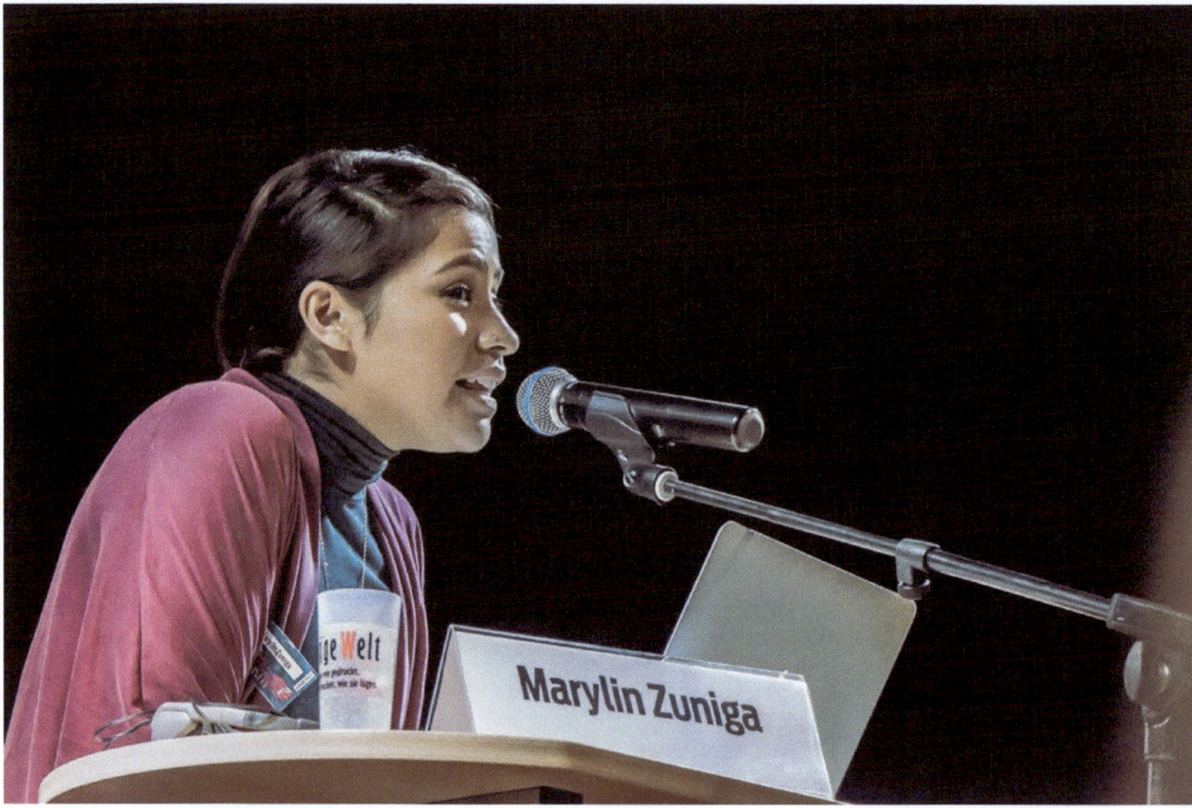

Marylin Zuniga, Lehrer*in aus den USA, Unterstützer*in von Mumia Abu-Jamal

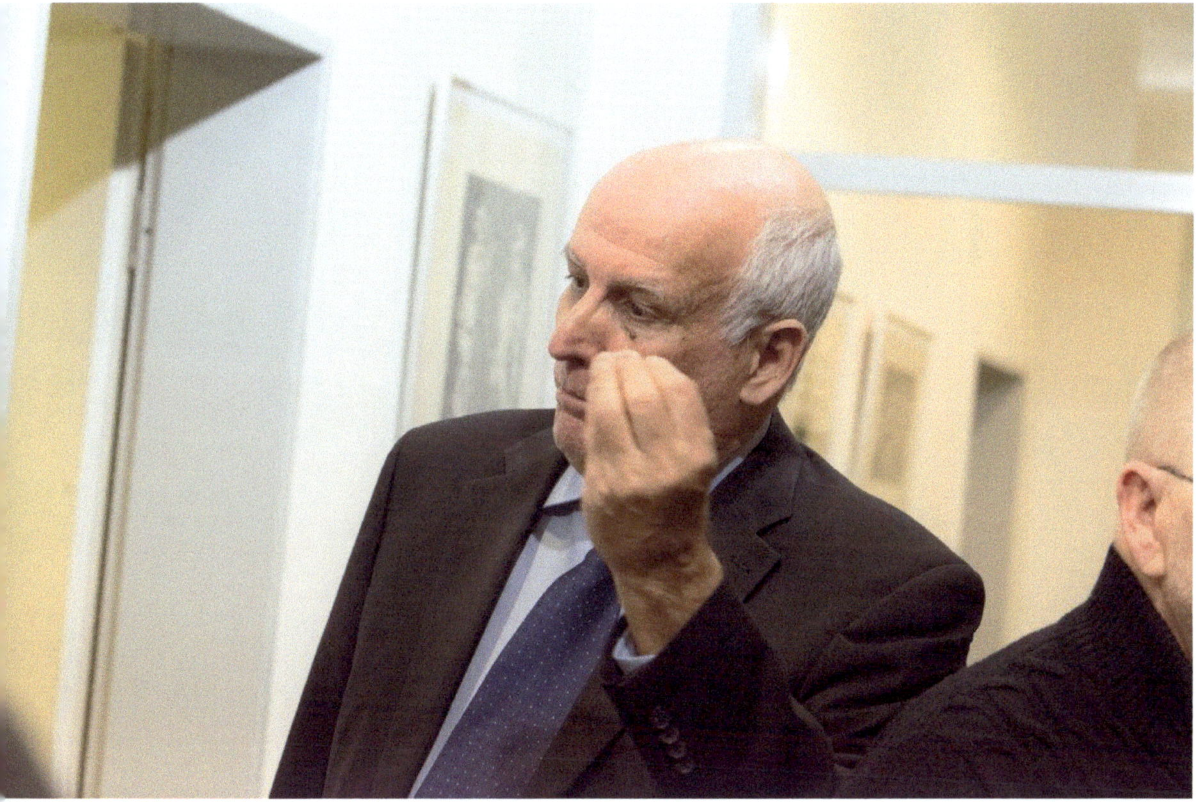

S. E. Herr Ramón Ignacio RIPOLL DÍAZ, kubanischer Botschafter in Berlin, 2019

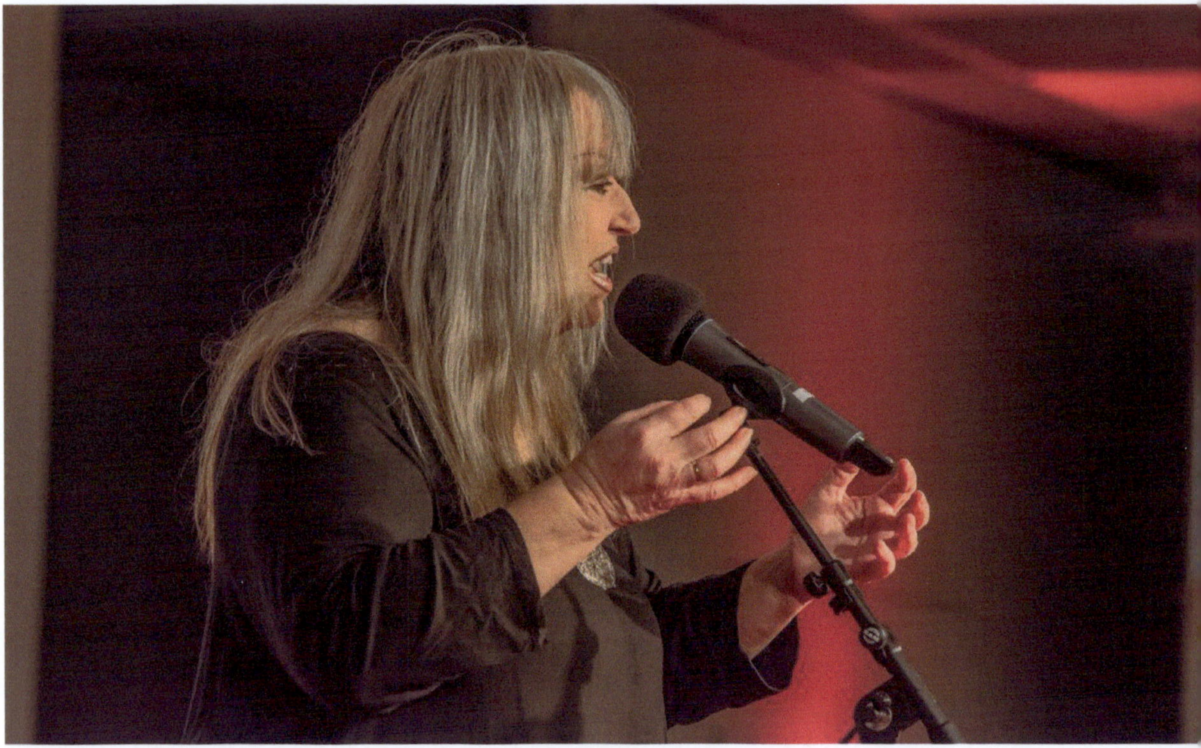

Gina Pietsch, deutsche Autorin und Sängerin

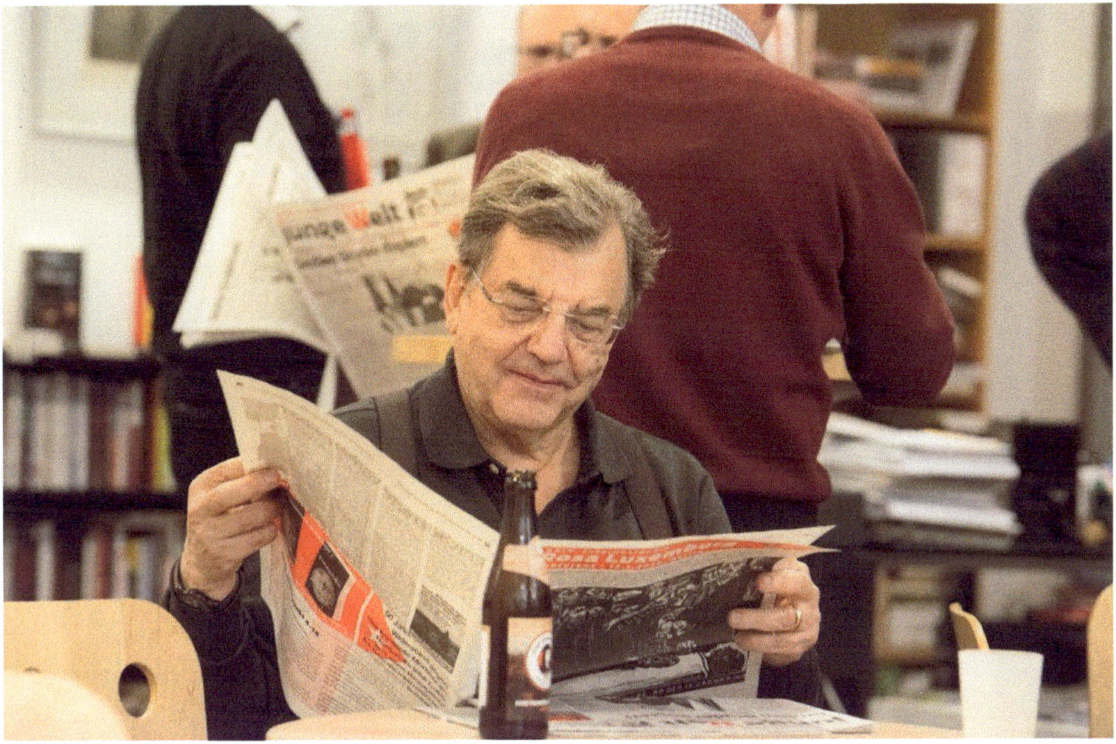

Michael Hudson, Ökonom, USA

FOTOGRAFIEN VON ANDREA KÄHLER & JENS SCHULZE

Andrea ist tief im Norden eines kleinen und vergangenen Landes geboren, früh in Berlin gelandet, sich bei den Menschen hier spürbar wohlgefühlt und also geblieben. Das spiegelt sich in Andreas Fotos und ihrem Arbeitsstil, ob Porträt oder Szene, lebensfroh wider. Der hautnahe Kontakt zum Inhalt ihrer Reportagen wird dem Betrachter schnell deutlich.
Peter Zenker, Berlin 2016

Jens wurde im Jahr 1967 im Sozialismus geboren, Spezialschule für Mathematik und Physik in Dresden, Offiziershochschule der Luftstreitkräfte/Luftverteidigung einer Volksarmee, Abschluss als Diplomingenieur für Elektrotechnik/Elektronik. 1990 unfreiwillig im Kapitalismus gelandet, zwangsläufig den Beruf gewechselt. Dann Elektroingenieur bei der Bahn und ab 1995 Planungsingenieur in einem Ingenieurbüro in Berlin. Bereits ab der frühen Schulzeit nebenbei Malerei, Grafik, Druck und Fotografie betrieben, stets verbunden mit aktiver politischer Arbeit. Im Mittelpunkt der Arbeiten stehen der Mensch und die ihn umgebende Gesellschaft.
Andrea Kähler, Berlin 2016

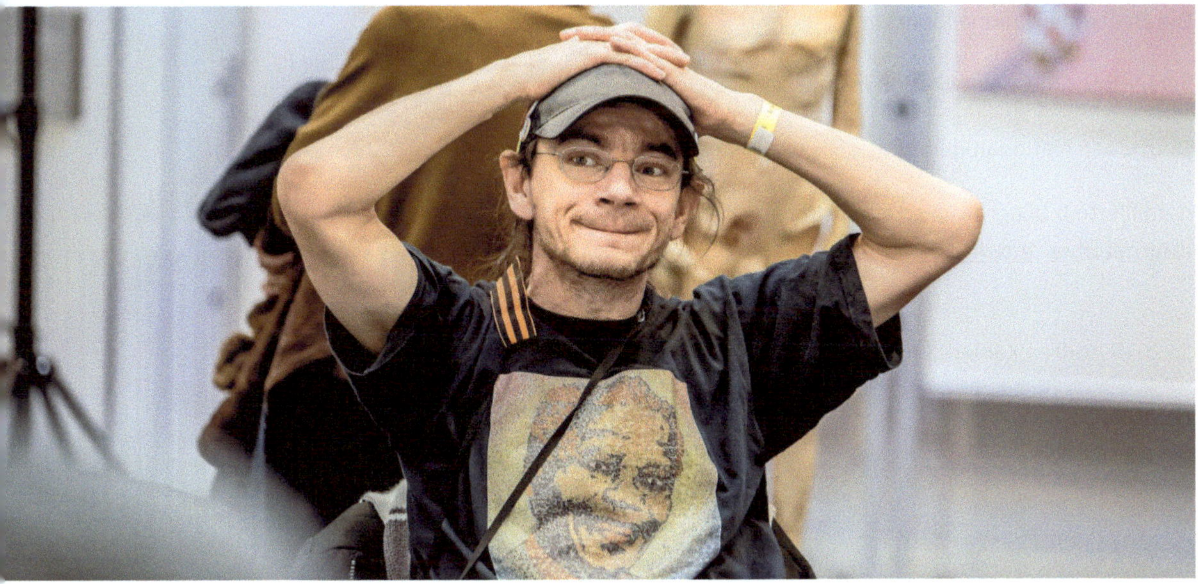

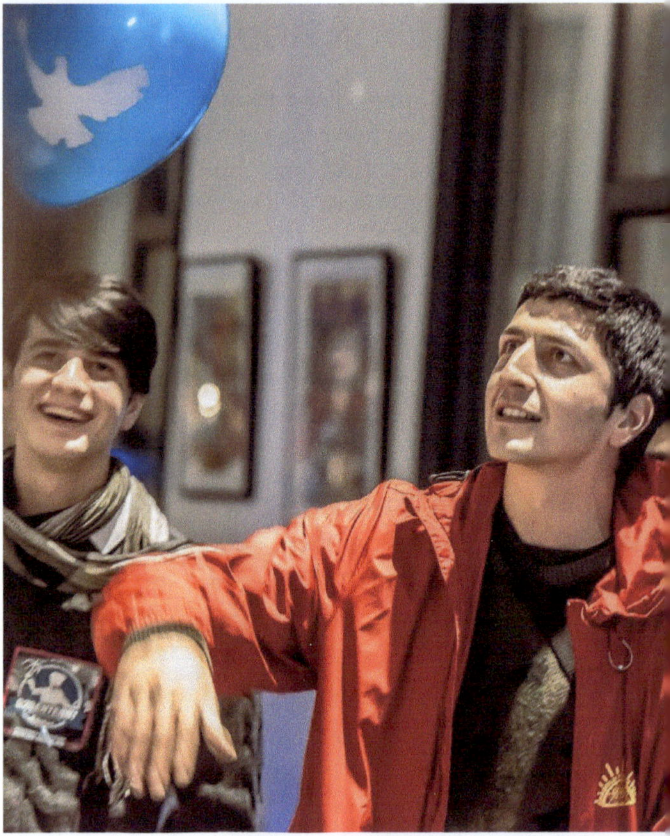

IMPRESSUM

Bibliografische Information der Deutschen Nationalbibliothek:

Die Deutsche Nationalbibliothek

verzeichnet diese Publikation in der

Deutschen Nationalbibliografie;

detaillierte bibliografische Daten sind im Internet über dnb.dnb.de abrufbar.

Herstellung und Verlag:

BoD – Books on Demand, Norderstedt

ISBN 9783750429123

9 783750 429123